LES 12 ROYAUMES

LES 12 ROYAUMES

La Mer de l'ombre
2 volumes

Le Rivage du labyrinthe
2 volumes

Le Maître des mers
1 volume
(titre provisoire, à paraître)

Le Vent de l'infini
2 volumes
(titre provisoire, à paraître)

Titre original : *Juunikokuki – Tsuki no kage, kage no umi*
L'ombre de la lune, la mer de l'ombre – 1

First published in Japan in 1992 by Kodansha Ltd., Tokyo.
Publication rights for this French edition arranged by Kodansha Ltd.

300, rue Léon-Joulin, 31101 Toulouse Cedex 9, France
Loi 49-956 du 16 juillet 1949
sur les publications destinées à la jeunesse
ISBN : 978-2-7459-2045-4
www.editionsmilan.com

FUYUMI ONO

LES 12 ROYAUMES

LA MER DE L'OMBRE

1

Traduit du japonais par
Patrick Honnoré
(Orbis-Tertius)

Illustrations de
Akihiro Yamada

MILAN

Note du traducteur

La Mer de l'ombre est le premier épisode des *Douze Royaumes*, une série d'*heroic fantasy* japonaise, publiée au Japon depuis 1992. Face à l'énorme succès des romans, la série a été adaptée par la télévision japonaise en 2001. Les familiers de cette animation – distribuée en France depuis plusieurs années – trouveront quelques différences entre les DVD et les romans. Les producteurs japonais ont en effet adapté l'histoire, ajouté ou supprimé des personnages et modifié le déroulement des événements. C'est pourquoi les titres des romans ne reprennent pas exactement ceux des DVD. Mais la série romanesque constitue bel et bien l'œuvre originale.

La présente traduction a été effectuée directement du japonais. Nous avons opté pour des principes clairs et cohérents, qui permettent d'exprimer en français toutes les subtilités de l'univers des douze royaumes, sans dérouter les lecteurs peu férus de culture asiatique. Les traducteurs de l'animation ayant pu faire d'autres choix, de légères différences de terminologie entre les films et les romans sont inévitables.

Ainsi, tous les noms de personnages, d'animaux, de lieux, de titres ou de fonctions ont été transcrits ici dans le système dit *hepburn*, le plus communément utilisé en France. D'autre part, chaque nom a sa signification, dans le monde des douze royaumes. Elle est toujours expliquée, au moins une fois, quand le personnage principal la comprend lui-même. Quand ces noms ne sont pas expliqués, c'est parce que le personnage principal lui-même n'en saisit pas encore le sens (en japonais, il faut parfois voir un mot écrit pour savoir ce qu'il signifie), ou parce que l'auteur laisse ses lecteurs le deviner.

Nous avons également choisi de respecter l'ordre original des noms de personnes, avec le nom de famille précédant le prénom, comme Nakajima Yôko et non Yôko Nakajima. Nous n'avons pas gardé les suffixes japonais de politesse (*-san* ou *-sama*) afin de ne pas alourdir le texte. Le français dispose des correspondances très faciles à utiliser : monsieur, madame, Seigneur ou Altesse, par exemple. De même, quand les titres ou les fonctions ont un équivalent parfaitement identifiable en français, nous avons choisi de traduire. En revanche, si le mot original est une création de l'auteur ou qu'il en est fait un emploi spécifique même en japonais, nous l'avons laissé tel quel.

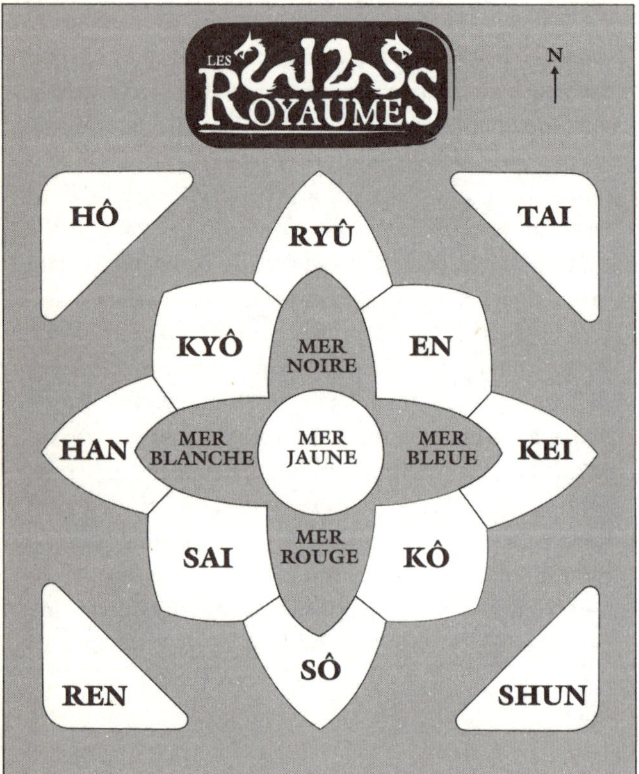
LES
ROYAUMES
N
HÔ
RYÛ
TAI
KYÔ
MER
NOIRE
EN
HAN
MER
BLANCHE
MER
JAUNE
MER
BLEUE
KEI
SAI
MER
ROUGE
KÔ
SÔ
REN
SHUN

ROYAUME DE KÔ (NORD-EST)

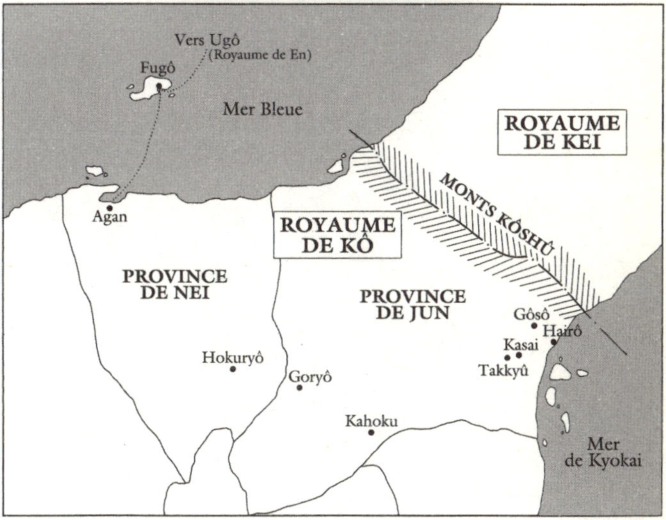

Première partie

1.

Les ténèbres étaient noires comme de la laque. Yôko restait là, immobile, pétrifiée.

Un son cristallin résonnait dans le noir, comme le bruit d'une eau qui tombe goutte à goutte dans une grotte. Mais Yôko savait qu'elle ne se trouvait pas dans une grotte.

Les ténèbres étaient profondes. Insondables. Dans ces ténèbres sans repère, sans haut ni bas, une lueur rougeoyante perça soudain l'obscurité. On aurait dit un incendie, quelque part, au loin. Au fond de la nuit, la lueur dansait, sautillait. Yôko vit s'approcher une infinité de points noirs, se détachant comme des ombres sur le rougeoiement de l'horizon. Petit à petit, les ombres grandirent et formèrent bientôt un immense troupeau de bêtes monstrueuses qui s'avançaient vers elle à grands bonds. Certaines ressemblaient à des singes, d'autres à des rats, d'autres encore à des oiseaux, mais tous effrayants, extravagants et difformes. Aucun ne figurait dans son livre de biologie, elle en était certaine : ils étaient bien trop énormes, et leurs couleurs des plus variées, rouge, noir, bleu... Ils approchaient rapidement, courant, bondissant, comme la course du jour de la fête des Fous. Oui, c'était bien la folie qui se lisait dans leurs yeux... Comme des fous, les monstres fondaient sur leur proie. L'ivresse du sacrifice, l'excitation du sang les transportaient de joie vicieuse. Et Yôko sentait sur ses joues le souffle fétide de leur pulsion meurtrière. Les créatures étaient maintenant à moins de quatre cents mètres. Elle distinguait déjà leur gueule béante. Aucun rugissement, mais elle devinait leurs hurlements dans leurs yeux. Aucun son... aucun bruit de pattes griffant le sol... Juste le tintement d'une goutte d'eau résonnant au fond d'une grotte.

Les yeux grands ouverts, Yôko regardait les ombres fondre sur elle. Elle savait que ces monstres venaient pour la tuer. Dès qu'ils auraient franchi la distance qui les séparait d'elle, elle mourrait.

Elle le savait, mais elle était incapable de bouger. Elle savait qu'elle serait dépecée, mise en pièces et dévorée, mais elle restait pétrifiée. Et quand bien même elle aurait pu bouger... Où fuir ? Comment se défendre ?

Elle crut sentir son sang refluer dans ses veines et perçut comme un roulement de vagues dans son corps.

Les monstres n'étaient plus qu'à trois cents mètres.

Yôko se réveilla en sursaut.

La sueur coulait sur ses tempes et ses yeux piquaient atrocement comme sous l'effet d'un acide. Elle battit plusieurs fois des paupières, puis respira profondément.

– Un rêve… dit-elle pour se prouver à elle-même qu'elle était effectivement réveillée. Il lui fallait entendre sa propre voix pour se rassurer.

… *Ce n'était qu'un rêve…*

Un simple cauchemar. Rien de plus. Même si ce cauchemar revenait chaque nuit depuis plus d'un mois.

Yôko secoua lentement la tête. Il faisait sombre dans sa chambre, à cause de l'épais rideau. Yôko prit dans sa main le réveil posé sur sa table de chevet et vit qu'il était encore trop tôt pour se lever. Elle se sentait lourde et engourdie. Une résistance sourde et molle dans tous ses membres l'empêchait de mouvoir aisément ses bras et ses jambes.

La première fois qu'elle avait fait ce cauchemar, il n'y avait eu que les ténèbres. Rien d'autre. Les ténèbres et le bruit de goutte d'eau. Et elle, Yôko, pétrifiée par la peur, incapable de faire un mouvement.

La lueur rouge dans le lointain n'était apparue qu'au bout de la troisième nuit. Dans son rêve, Yôko savait que l'horreur surgirait de cette lueur et la vision de ce simple rougeoiement suffisait à la réveiller en criant. La cinquième nuit, les ombres apparurent. Au début, elle n'avait distingué que de simples rides se détachant sur le halo rougeâtre de l'horizon. Puis elle avait compris que les ombres s'approchaient. Cela avait pris plusieurs autres nuits avant qu'elle se rende compte qu'il s'agissait d'un troupeau en mouvement, et plusieurs autres encore avant de pouvoir distinguer les animaux monstrueux.

Assise sur son lit, Yôko attrapa l'une de ses peluches.

… Ils sont si proches, maintenant…

Il avait fallu un mois entier aux monstres pour arriver des confins de l'horizon.

… Que va-t-il m'arriver maintenant ?

… Mais, bon… ce n'est qu'un rêve après tout…

Un rêve n'est qu'un rêve ! Même s'il se poursuit pendant un mois entier, même s'il évolue nuit après nuit… tout cela n'est jamais qu'un rêve !

Mais cette fois, le dire à voix haute ne suffit pas à la rassurer. Elle entendait son cœur battre la chamade, et son sang rouler un bruit de vagues au fond de ses oreilles. Sa respiration saccadée faisait un bruit rauque dans sa gorge. Un long moment, Yôko serra sa peluche dans ses bras, comme pour se raccrocher à quelque chose.

Le corps lourd de fatigue, elle se força à se lever, mit son uniforme de lycéenne, puis descendit au rez-de-chaussée. Elle se passa un peu d'eau sur le visage avec ennui, comme tout ce qu'elle faisait, puis pénétra dans la salle à manger.

– Bonjour… dit-elle à sa mère, qu'elle aperçut de dos devant l'évier, en train de préparer le petit déjeuner.

– Tu es déjà levée ? Tu te lèves bien tôt depuis quelque temps… répondit celle-ci en se retournant.

À peine eut-elle jeté un rapide coup d'œil à sa fille qu'elle poursuivit sur un ton agressif, comme à son habitude :

– Mais enfin, Yôko ! Ils sont de plus en plus rouges, ma parole !

Sur l'instant, Yôko ne comprit pas de quoi elle parlait. Puis elle sursauta et se dépêcha de ramener ses cheveux en arrière. Les règles de vie familiales lui imposaient de lier ses cheveux en une simple queue-de-cheval avant d'entrer dans la salle à manger, mais ce matin, elle les avait juste fixés avec un peigne.

– Tu ferais mieux de les teindre en noir…

Yôko secoua la tête sans un mot. Quelques mèches lui caressèrent les joues.

Elle avait les cheveux rouges. Ils avaient toujours été plutôt brun foncé que noirs, et ils s'éclaircissaient davantage encore dès qu'elle passait quelque temps au soleil ou qu'elle allait à la piscine. Ils paraissaient alors presque rouges. Elle portait les cheveux longs jusqu'au milieu du dos, mais plus ils poussaient, plus leurs pointes devenaient claires. Au point qu'on pouvait croire qu'elle se les décolorait.

– Ou alors coupe-les, si tu préfères…

Yôko baissa la tête, sans un mot. D'un geste rapide, elle fit une grosse tresse de ses longs cheveux. De cette façon, ils paraissaient un peu plus foncés.

– Je me demande d'où ça te vient, ces cheveux… soupira sa mère d'un air fâché. L'autre jour, même ton professeur m'en a fait la remarque, tu imagines ! « Est-ce vraiment naturel ? »… Fais quelque chose, enfin !

– Mais le règlement du lycée interdit de se teindre les cheveux…

– Alors, coupe-les, je te dis ! Ça se remarquera moins…

Yôko baissa de nouveau la tête. Tout en servant le café, sa mère poursuivit sur le même ton.

– Une jeune fille doit rester discrète dans sa mise et dans son apparence, ne pas trop se faire remarquer, rester douce et gentille. Une fille dont les gens pensent qu'elle cherche à se faire remarquer ou qu'elle fait exprès de s'habiller de façon voyante, c'est honteux ! Car ce n'est pas seulement son apparence, c'est sa pureté et sa décence qui deviennent douteuses…

Yôko regardait la nappe sans dire un mot.

– Avec tes cheveux, je suis sûre qu'il y a des gens qui se demandent si tu n'es pas une de ces dévergondées… Tu ne veux tout de même pas qu'on te prenne pour une de ces filles, j'espère ? En rentrant de l'école ce soir, passe chez le coiffeur et fais-les couper ! Je te donnerai l'argent…

Yôko poussa un léger soupir.

– Yôko ! Tu m'écoutes ?

– Oui…

Elle jeta un œil vers la fenêtre et observa la couleur déprimante du ciel d'hiver. On n'était encore qu'à la mi-février et le froid était vif.

2.

Yôko était élève dans un lycée privé comme les autres, mis à part le fait qu'il était réservé aux jeunes filles. C'est son père qui le lui avait imposé. Au collège, Yôko avait plutôt de bonnes notes et elle aurait pu s'inscrire dans un établissement plus réputé. À vrai dire, ses professeurs le lui avaient même fortement conseillé. Mais son père n'avait rien voulu savoir. Il avait décidé que sa fille irait dans ce lycée, un point c'est tout. D'abord, sa proximité de la maison permettait à Yôko de rentrer rapidement après les cours sans traîner dehors. Et puis sa réputation – ni trop vulgaire, ni trop sophistiqué – correspondait exactement à ce qu'il désirait pour sa fille. Au début, en voyant les performances de l'établissement aux examens d'entrée dans les principales universités, la mère de Yôko avait émis quelques réserves, mais elle s'était vite rangée à l'avis de son mari. Et puisque ses parents étaient d'accord, Yôko n'avait plus qu'à obéir. Il y avait bien un lycée situé un peu plus loin, dont elle trouvait l'uniforme plus joli. Mais elle ne tenait pas à se disputer avec ses parents pour ce genre de question, et elle avait accepté leur décision sans rechigner. Résultat : Yôko n'éprouvait pas plus de motivation dans ses études qu'elle ne ressentait de fierté pour son école.

Quand Yôko pénétra dans sa classe, elle fut accueillie par les bonjours de deux ou trois filles qui lui firent un signe de la main. L'une d'entre elles accourut.

– Dis, Nakajima, tu as fait les exos de math ?

– Oui.

– Tu nous montres, s'il te plaît ?

Yôko acquiesça. Elle s'assit à sa table, près de la fenêtre, et sortit le polycopié de son sac. Aussitôt, plusieurs filles se groupèrent autour d'elle et commencèrent à recopier.

– Toi, on peut dire que tu es une élève sérieuse… Une déléguée de classe hors pair ! fit une fille.

Le compliment cachait une légère ironie. Yôko lui rendit un sourire vague.

– Ouais, sérieuse… Ça, c'est sûr… Moi, les devoirs, je déteste ça, j'oublie toujours de les faire !

– Moi aussi ! Je me dis qu'il faut que je les fasse, mais c'est trop dur. J'y arrive jamais, ça prend du temps, et finalement je m'endors. Les bonnes, elles ont de la chance, hein !

– Toi, Nakajima, ça te prend même pas cinq minutes, je parie ?

– Détrompe-toi... répondit Yôko en secouant la tête.

– Ah bon ? Alors, c'est que tu aimes ça, étudier...

– Tu parles... fit-elle encore en essayant de rire. C'est juste que chez moi, ma mère est sévère sur les devoirs...

Ce n'était pas vrai, mais c'était une façon d'esquiver les attaques...

– ... Tous les soirs, elle vérifie si je les ai bien faits.

En réalité, c'était le contraire : la mère de Yôko n'aimait pas beaucoup voir sa fille étudier. Non pas qu'elle n'attachait aucune importance aux notes de sa fille, mais elle disait toujours : « Au lieu d'étudier en dehors de l'école, tu ferais mieux d'apprendre à tenir une maison. » D'ailleurs, ce n'était pas non plus par véritable goût pour les études que Yôko faisait consciencieusement ses devoirs. Elle détestait tout simplement être réprimandée par les profs.

– Oh là là... les mères qui forcent leurs enfants à bien travailler à l'école, quelle plaie !

– Oui, elle ne parle que d'étudier, étudier et encore étudier...

– Je te comprends ! Chez moi, c'est pareil ! Ma mère, à peine je rentre à la maison qu'elle me parle de l'école, j'te jure ! Mais elle, quand elle était jeune, tu crois qu'elle adorait l'école tant que ça ?

– Certainement pas !

Yôko se sentait rassurée par la tournure que prenait la conversation, quand une autre fille entra et dit bonjour d'une voix timide.

– Ah… C'est Sugimoto…

Tous les regards se tournèrent vers la nouvelle venue, puis s'en détournèrent immédiatement sans répondre. Il y eut un silence gêné.

Depuis six mois, ignorer Sugimoto était devenu le jeu à la mode. Celle-ci jeta un regard furtif aux filles qui étaient déjà là, baissa les yeux puis s'approcha craintivement de Yôko pour s'asseoir à sa gauche.

– Bonjour Nakajima, dit Sugimoto d'une voix timide.

Yôko faillit répondre, mais se retint de justesse. Un jour, elle avait répondu et ça lui avait coûté cher : toute la journée, les autres filles n'avaient pas arrêté d'échanger des sous-entendus ironiques sur son compte. Elle préféra donc faire comme si elle n'avait rien entendu. Autour d'elle, il y eut de petits rires étouffés. Sugimoto baissa encore un peu plus la tête. Mais elle ne put cacher sa déception de voir Yôko se ranger dans le camp des moqueuses. Yôko souffrait pour Sugimoto, mais elle n'avait pas le courage de prendre sa défense, de peur de se trouver à son tour victime du même genre de vexations.

– Dis… Nakajima…

Yôko entendait bien les appels implorants de Sugimoto à côté d'elle, mais continuait à faire semblant de ne rien remarquer, tout en écoutant la conversation qui se poursuivait avec les autres. À vrai dire, il lui était pénible d'ignorer Sugimoto, mais elle ne voyait pas comment faire autrement.

– Nakajima…

Sugimoto ne se décourageait pas. À chaque nouvelle tentative, les autres filles cessaient tout à coup de parler et lui lançaient des regards mauvais. Yôko ne pouvait plus feindre de ne pas avoir entendu. Elle se retourna vers sa voisine, sans un mot.

– Dis… Tu as révisé les maths ?

Les autres pouffèrent de rire.

– Bof, vaguement…

– Excuse-moi, tu peux me montrer ?

À la fin de chaque cours, le prof de math désignait les élèves qui seraient interrogées le lendemain, et Yôko se rappela que c'était le tour de Sugimoto. Elle se retourna vers ses amies. Personne ne dit mot, attendant de voir comment Yôko allait lui répondre. Elle sentit un goût amer dans sa bouche.

– J'ai pas encore fini…

Ce n'était pas vraiment ce qu'attendaient les autres, qui auraient préféré quelque chose de plus cinglant. Quelques remarques fusèrent.

– Oh, ce qu'elle est gentille, Nakajima !

Le ton était plein d'ironie et de mépris. Involontairement, Yôko baissa les épaules.

– Pas la peine de prendre des gants avec celle-là, Nakajima ! renchérit une autre fille.

– C'est vrai, quoi ! T'as qu'à lui dire de la fermer !

– Dans la vie, il vaut mieux dire carrément ce qu'on pense… parce qu'il y a toujours des imbéciles qui comprennent pas toutes seules…

Yôko n'osait pas s'opposer à la majorité, mais Sugimoto occupait la place à côté d'elle, et elle n'avait pas non plus envie d'être trop vache avec elle. Au final, Yôko se contenta de sourire d'un air gêné.

– … Hmm.

– Nakajima, tu es trop gentille ! Certaines dont je ne dirai pas le nom savent bien en profiter, moi je te dis…

– Mais qu'est-ce que tu veux, je suis déléguée de…

– Et alors ? Elle sait bien que c'est son tour d'être interrogée, non ? C'est son problème si elle n'a rien préparé… C'est pas parce que tu es déléguée que tu dois protéger les feignasses comme elle !

– Oui, peut-être…

– C'est normal, non ? Et puis d'abord…

La fille eut un sourire cruel avant de terminer sa phrase.

– … Et puis d'abord, si tu prêtes ton cahier à Sugimoto, il va te revenir tout sale !

– Ah, ça j'aime pas…

– Un peu, que t'aimes pas !

À nouveau, toute la classe éclata de rire. Tout en riant avec les autres, Yôko jeta un œil vers Sugimoto assise à côté d'elle : la tête baissée, elle pleurait.

« C'est sa faute aussi… », se dit Yôko, pour se trouver une excuse. Si Sugimoto était la cible des brimades de la classe, ce n'était certainement pas par hasard. Les victimes devaient s'en prendre d'abord à elles-mêmes. Si on devenait victime, c'était qu'on le cherchait bien… se disait-elle dans ces cas-là pour se déculpabiliser.

3.

Dans les ténèbres insondables résonnait le tintement d'une goutte d'eau. Yôko restait là, immobile.

Au loin, là où se portait son regard, une lueur rougeâtre apparut. Des milliers d'ombres commencèrent à se détacher, à grouiller. Un immense troupeau de bêtes monstrueuses se précipitait vers elle en bondissant. Il n'était plus qu'à deux cents mètres. Les monstres étaient si grands que la distance en paraissait plus réduite encore. Des singes géants ouvraient leur gueule déformée en un rictus cruel, leur poil rouge flamboyant à la lumière. À chaque bond, on pouvait voir leurs muscles se détendre sous la peau.

Yôko restait pétrifiée, incapable du moindre mouvement, du moindre cri. Elle ne pouvait détacher ses yeux de ces bêtes au regard terrifiant qui se rapprochaient en une folle cavalcade… sautant… bondissant…

Leur pulsion meurtrière déferlait comme une tempête d'une violence à lui couper le souffle.

... Il faut que je me réveille.

Il fallait ouvrir les yeux avant qu'elles ne fondent sur elle. Mais elle restait là, immobile, impuissante. La distance qui les séparait avait encore diminué de moitié.

... Il faut que je me réveille.

Un violent frisson la parcourut de la tête aux pieds. Elle sentit ses mâchoires se contracter et ses muscles se tendre sous sa peau. Son souffle se fit rauque. Elle entendit l'habituel roulement de vagues dans tout son corps.

... Il faut que je fasse quelque chose...
Il faut que je réussisse à m'enfuir...

Au même instant, elle sentit une présence au-dessus de sa tête. Un danger d'une puissance dévastatrice fondait sur elle. Pour la première fois dans son rêve, Yôko esquissa un mouvement. Elle redressa sa tête et leva les yeux.

Elle vit d'abord deux ailes brunes, immenses. Puis des pattes puissantes, brunes elles aussi, armées d'énormes griffes terriblement acérées.

Elle n'eut même pas le temps de songer à fuir. Le bruit de la mer dans son corps s'amplifia encore, et elle poussa un cri.

– Nakajima ?

Yôko bondit de sa chaise et s'élança vers la porte. Elle avait senti planer au-dessus d'elle l'imminence d'une mort certaine et son corps avait réagi instinctivement au danger. Elle attendit un moment avant d'oser rouvrir les yeux et regarder autour d'elle.

Elle vit d'abord la prof qui la fixait, stupéfaite. Puis les autres élèves, tout aussi ébahies. Il y eut une seconde de silence total, puis la classe entière éclata de rire.

Yôko respira un grand coup, puis devint toute rouge. Elle s'était endormie pendant le cours. Il lui arrivait assez souvent de somnoler en classe à cause du manque de sommeil, mais c'était bien la première fois qu'elle se laissait aller à dormir au point de faire un rêve et de se mettre à courir en dormant...

La prof, excédée, s'approcha de sa table en faisant claquer ses talons hauts et lui intima l'ordre de revenir s'asseoir immédiatement. Yôko se mordit les lèvres. En général, elle était plutôt bien vue par les profs. Mais avec la prof d'anglais, elle avait beau faire le maximum pour se montrer bien sage et bien obéissante, celle-ci semblait toujours la prendre en grippe.

– Non mais qu'est-ce qui vous prend ? cria-t-elle en tapant sur le bureau de Yôko avec son livre d'anglais. J'ai déjà vu des élèves dormir en cours, mais des somnambules, je dois dire que c'est une première !

Yôko retourna s'asseoir, la tête basse.

– Je me demande ce que vous venez faire ici… Si vous avez besoin de sommeil, vous feriez mieux de rester chez vous ! Et si mes cours vous ennuient, personne ne vous oblige à venir, n'est-ce pas ?

– Excusez-moi…

La prof continuait à tapoter la table avec la tranche du manuel d'anglais.

– Mais peut-être êtes-vous trop occupée à vous amuser la nuit ?

Toute la classe éclata de rire. Même ses amies furent assez heureuses de trouver une occasion de se moquer d'elle. Yôko perçut même distinctement un petit rire fusant à côté d'elle, sur sa gauche. La prof tira légèrement sur la natte de Yôko qui lui tombait dans le dos.

– Et ça… il paraît que c'est de naissance ?

– Oui…

– Ah bon ? Vous me rappelez tout à fait une amie que j'avais au lycée quand j'avais votre âge. Elle aussi avait des cheveux comme les vôtres…

La prof s'interrompit pour laisser échapper un petit ricanement.

– Mais elle, c'était parce qu'elle se les décolorait… Pas comme vous, donc, n'est-ce pas ? Et voyez-vous, en troisième, on l'a orientée en section vie active… Qu'a-t-elle bien pu devenir depuis, je me demande ? Ah, souvenirs, souvenirs…

Il y eut quelques rires étouffés parmi les élèves.

– … Alors ? Vous êtes décidée à suivre le cours, oui ou non ?

– Oui…

– Vraiment ? Eh bien, vous resterez debout le reste de l'heure. Ça vous évitera de vous endormir, j'espère…

La prof eut un rire forcé et retourna à son bureau. Le cours reprit, mais l'agitation générale ne baissa pas de toute l'heure.

À la fin de la journée, Yôko fut convoquée en salle des profs par son professeur principal. Il avait entendu parler de l'incident du cours d'anglais. Elle fut soumise à un long interrogatoire sur ses habitudes et sa façon de vivre.

– Certains de mes collègues se demandent si vous ne sortez pas le soir pour traîner en ville… déclara le professeur principal en la dévisageant. Alors, dites-moi la vérité ! Y a-t-il quelque chose qui vous empêche de dormir la nuit ?

– Non…

Yôko n'allait évidemment pas lui parler de ses rêves.

– Vous regardez la télé tard le soir ?

– Non, je…

Yôko chercha désespérément dans sa tête une raison convaincante.

– … comme mes notes du dernier trimestre ont un peu baissé, je travaille plus longtemps avant de me coucher…

Le professeur trouva cette raison tout à fait acceptable.

– Ah… oui… bon, c'est bien… Mais quand même, Nakajima…

– Oui monsieur ?

– Rappelez-vous qu'il ne sert à rien de travailler chez vous si vous n'écoutez pas en classe, hein ?

– Excusez-moi, monsieur…

– Je ne vous demande pas de vous excuser, ma petite… Mais c'est que… il est facile de se tromper sur votre compte, vous voyez ce que je veux dire ? Vos cheveux, là… tout de même, vous ne pourriez pas faire quelque chose pour arranger ça ?

– Je devais justement aller les faire couper aujourd'hui…

– Ah… C'est bien… C'est mieux, pour une jeune fille… Ça ne vous fait pas plaisir, sans doute, mais dites-vous que c'est pour votre bien, n'est-ce pas ?… Parce que certains de vos professeurs se demandent si vous ne sortez pas en ville la nuit ou si vous ne vous colorez pas les cheveux…

– Je comprends…

Le professeur la congédia de la main.

– C'est bon, vous pouvez disposer.

– Oui monsieur. Merci monsieur.
Yôko s'inclina pour le saluer.
Elle entendit alors une voix dans son dos.

4.

– Ah, vous voilà enfin !

L'odeur de la mer accompagnait ces paroles. Le professeur principal eut une grimace en regardant par-dessus l'épaule de Yôko, qui se retourna. Un jeune homme inconnu se tenait debout derrière elle.

– C'est bien vous ! continua-t-il.

Il la regardait droit dans les yeux. Âgé d'environ vingt-cinq ans, son apparence était des plus étranges. Il portait une sorte de vêtement très long qui ressemblait à un manteau, son visage était lisse comme un masque de théâtre nô et ses cheveux, noués en une longue queue-de-cheval qui lui tombait jusqu'à l'arrière des genoux, étaient d'un blond doré.

– Qui êtes-vous ? s'écria le professeur principal d'un ton accusateur.

Le jeune homme ne prêta aucune attention à cette question. Au contraire, il mit un genou à terre et s'inclina profondément devant Yôko. Son attitude était pour le moins bizarre.

– Je vous ai cherchée si longtemps…

– Qui est-ce, Nakajima ? Un de vos amis ?

– Non, non… pas du tout !

La situation était tellement étrange que Yôko ne savait pas quoi répondre. Elle regarda un moment le jeune homme d'un air fâché. Celui-ci finit par redresser la tête et se releva.

– Veuillez me suivre, je vous prie.

– Quoi ?

– Nakajima, expliquez-vous, voyons ! Qui est ce garçon ?

– Mais je ne sais pas…

Elle aussi aurait bien aimé le savoir. Elle se tourna vers son professeur comme pour lui demander de l'aide. Les quelques enseignants qui se trouvaient encore là se rassemblèrent, stupéfaits.

– Nakajima ! Qui vous a permis d'introduire dans cet établissement une personne étrangère au lycée ? Vous savez bien que c'est interdit ! se mit à hurler le professeur.

Le jeune homme se tourna vers lui et lui décocha un regard froid qui ne trahissait pas le moindre sentiment de gêne.

– Cela ne vous concerne pas.

Puis, se tournant vers les autres professeurs :

– Vous non plus. Retirez-vous.

C'était dit sur un ton tellement hautain, avec une telle assurance dans la voix, que tous en furent interloqués. Yôko était la plus étonnée. Il la regarda droit dans les yeux.

– Je vous donnerai toutes les explications nécessaires plus tard. Pour l'heure, je vous prie de me suivre.

– Je vous demande pardon... Qui êtes-vous ?

Au même instant, une voix toute proche murmura :

– Taiho !

Ce devait être le nom du jeune homme car, à cet appel, il tourna son regard et fronça les sourcils.

– Qu'y a-t-il ?

Curieusement, il n'y avait personne à l'endroit d'où semblait provenir la voix. Et pourtant, on entendit encore :

– Ils nous ont suivis !

Le visage lisse du jeune homme, jusque-là inexpressif, se contracta brusquement. Avec un mouvement du menton, il prit d'autorité le poignet de Yôko.

– Excusez-moi, mais... il vous faut quitter cet endroit, c'est dangereux ! Suivez-moi !

– Hein... dangereux ?

– Je n'ai pas le temps de vous expliquer...

Le ton était tellement autoritaire que Yôko ne put s'empêcher d'arrondir les épaules.

– Les ennemis seront là d'un instant à l'autre !

– Les ennemis ?

À peine Yôko eut-elle prononcé ces mots que la voix invisible lança de nouveau :

– Ils sont tout près, Taiho !

Yôko regarda autour d'elle, mais il n'y avait personne.

La fenêtre la plus proche vola en éclats. Yôko ferma instantanément les yeux. Un cri horrible se mêla au bruit du verre brisé.

– Qu'est-ce que c'est ? cria son professeur principal.

Quand elle rouvrit les yeux, le prof était déjà à la fenêtre et se penchait au-dehors. L'air frais de la rivière qui coulait au-delà de la cour pénétra dans la pièce, charriant une odeur de vase. Des morceaux de verre jonchaient le sol. Le jeune inconnu s'était interposé entre elle et la fenêtre, la protégeant des éclats projetés.

– Qu'est-ce que… ? fit Yôko sans rien comprendre à ce qui se passait.

– Je vous ai dit que c'était dangereux, répondit le jeune homme de sa voix froide et posée.

Puis, lui prenant le poignet :

– Venez par ici !

L'angoisse la saisit. Elle essaya de se dégager, mais il ne lâcha pas prise. Bien au contraire, il la tira brusquement à lui. Yôko manqua de trébucher, mais il la retint par l'épaule.

Le prof essaya de l'arrêter.

– C'est vous qui avez fait ça ! ?

L'inconnu le foudroya du regard et lui répondit sur un ton qui n'admettait pas de réplique :

– Cela ne vous concerne aucunement. Retirez-vous !

– Mais de quel droit me parlez-vous sur ce ton, d'abord ? rétorqua le professeur. Qu'est-ce que vous voulez à cette élève ? D'autres racailles de votre espèce vous attendent dehors, c'est ça ?

Il lui hurlait au visage tout en lançant à Yôko des regards pleins de mépris.

– Nakajima ! allez-vous vous expliquer, à la fin ?

– Mais je ne le connais pas !... répondit Yôko, atterrée.

Le jeune homme la tirait toujours par le poignet malgré ses protestations.

– Suivez-moi.

– Non !

Si les profs pensaient qu'elle entretenait des relations avec ce genre de personnage, cela pouvait avoir de graves conséquences pour elle.

La voix invisible se fit de nouveau entendre. Cette fois, le ton était plus pressant.

– Taiho !

Les profs autour d'eux cherchaient d'où pouvait venir la voix, en vain.

– Ne soyez pas têtue, faites-moi confiance ! fit le jeune homme.

Puis il mit de nouveau un genou à terre face à Yôko, et sans lui laisser le temps de réagir, posa son front sur son pied.

– Je vous jure obéissance et fidélité, déclara-t-il. Votre accord, je vous prie...

– Pardon !?

– Donnez-moi votre accord, vite, si vous tenez à la vie !

Le ton était si impérieux que Yôko acquiesça de la tête sans réfléchir.

– Bien sûr... euh... vous avez mon accord.

Ce qui se produisit ensuite dépassait l'entendement. Cet homme qu'elle n'avait jamais vu posait son front sur ses pieds ! Elle ne savait plus où se mettre. Tous les profs autour d'eux restèrent bouche bée. Il leur fallut une seconde avant de réagir.

– Non mais ça va pas, vous deux ?

– Qu'est-ce que vous fabriquez là ?

Yôko essaya bien de protester elle aussi, mais ne parvint pas à trouver ses mots. Un vertige la saisit. Il lui sembla que quelque chose passait au travers de son corps et, pendant un court instant, tout devint noir devant ses yeux.

– Nakajima ! Je vous somme de vous expliquer ! s’égosillait son professeur principal, le visage rouge de colère.

Il y eut une vibration sourde, puis, dans un craquement lugubre, toutes les vitres encore intactes prirent instantanément une teinte d’une blancheur opaque.

5.

Ce fut comme si la vague géante d'un tsunami venait de fondre sur le lycée. Toutes les vitres volèrent en éclats et les débris furent projetés à travers la salle des professeurs comme autant de petits miroirs réfléchissant la lumière. Yôko eut à nouveau le réflexe de fermer les yeux et leva le bras pour se protéger, mais de minuscules pointes vinrent se ficher dans son visage et dans son corps, provoquant en elle comme une sensation de graviers qui se heurtent. Cela aurait dû faire un drôle de bruit en pénétrant dans sa chair, pourtant, elle n'entendit rien. Au bout d'un moment, elle rouvrit les yeux. La salle entière était jonchée de petits éclats de verre, brillants comme du cristal. Les profs se tenaient prostrés, recroquevillés sur eux-mêmes. Yôko trouva son professeur principal en boule à ses pieds, la tête enfouie sous ses bras.

– Vous n'avez rien, monsieur ? demanda-t-elle.

Elle s'aperçut qu'il était couvert de morceaux de verre. Les gémissements des autres professeurs parvinrent à ses oreilles, lui indiquant qu'ils avaient été atteints, eux aussi.

Alors Yôko regarda ses bras et ses jambes. Étrangement, elle n'avait pas une seule égratignure, alors qu'elle se trouvait à quelques centimètres à peine de son professeur principal qui, lui, semblait assez gravement blessé.

Ce dernier lui agrippa les chevilles.

– Mais qu'est-ce que vous avez fait, Nakajima ?

– Moi ? Mais je n'ai rien fait !...

Le jeune homme lui fit lâcher prise. Lui aussi était indemne.

– Allons-y ! Maintenant !

Yôko refusa et secoua la tête. Si elle le suivait, elle ne pourrait plus nier qu'elle était sa complice. Mais quand il la tira par le bras, ses jambes obéirent. Son désir de fuir le plus vite possible cet atroce champ de ruines était finalement plus fort que la crainte des « ennemis » dont avait parlé l'étrange jeune homme. Cette menace-là ne lui semblait pas vraiment crédible. En revanche, la salle jonchée de blessés et l'odeur de sang qui montait à ses narines étaient bien réelles et lui faisaient horreur.

Dans le couloir, ils tombèrent sur un autre professeur plus âgé qui accourait.

– Mais que se passe-t-il ?

L'enseignant haussa les sourcils en apercevant le compagnon de Yôko. C'est d'ailleurs ce dernier qui répondit en indiquant du doigt l'endroit qu'ils venaient de quitter.

– Appelez des secours. Il y a des blessés.

Il n'ajouta pas un mot et tira de nouveau Yôko par le bras. Le vieux professeur cria quelque chose dans leur dos, mais elle ne comprit pas.

Arrivé dans l'escalier, au lieu de descendre vers la sortie, l'inconnu commença à gravir les marches.

– Mais où m'emmenez-vous ? demanda Yôko.

Elle ne pensait qu'à une chose : quitter au plus vite cet endroit et rentrer chez elle. Elle tenta de lui indiquer la sortie mais celui-ci persista à vouloir l'entraîner vers l'étage supérieur.

– Mais il n'y a que la terrasse, par là…

– Ne vous inquiétez pas. Suivez-moi. Des gens vont venir.

– Mais…

– Si nous descendons, cela va devenir compliqué.

– Compliqué ? Que voulez-vous dire ?

– Cela ne concerne personne.

Il ouvrit la porte qui donnait sur la terrasse aménagée sur le toit du lycée et fit passer Yôko de force. Qu'avait-il voulu dire ? « Cela ne concerne personne »… Devait-elle comprendre qu'elle était concernée, elle ? Qui étaient ces « ennemis » dont il avait parlé ? Elle n'osait pas le lui demander. Elle se laissa emmener en chancelant. À peine furent-ils à l'extérieur qu'un cri retentit. Un cri grinçant comme un frottement de métal rouillé. Yôko sentit un regard dans son dos. Au-dessus de la porte qu'elle venait de franchir, elle aperçut une ombre.

Des ailes brunes. Un bec énorme et crochu, d'une couleur écœurante, d'où jaillissait un cri métallique comme celui d'un chat en colère. Cet oiseau géant faisait bien cinq mètres d'envergure.

… Ah, mais c'est…

Elle se sentit soudain pétrifiée.

… Les bêtes de mon rêve…

Les sombres échos de ce cri étaient chargés d'une puissante énergie meurtrière. Le ciel nuageux s'assombrissait à l'approche de la nuit. Au loin, le soleil du crépuscule perçait entre les plis des nuages, produisant une vague lueur rougeâtre sur l'horizon.

Le rapace monstrueux secoua sa tête cornue et se mit à battre des ailes, dégageant une effluve dense, chargée d'une odeur fétide. Comme dans son rêve, Yôko le regardait, immobile. L'oiseau géant s'éleva dans les airs avec une légèreté étonnante, compte tenu de sa taille. Puis il fit volte-face et s'apprêta à piquer sur sa proie. Yôko le vit pointer droit sur elle ses énormes serres acérées. Dans un instant, elle en sentirait les morsures dans sa chair. Elle ne pouvait même plus crier.

Ses yeux étaient grands ouverts, mais elle ne voyait rien. Elle sentit un choc puissant contre son épaule. Elle s'attendait à ce que son corps soit déchiré par les énormes griffes crochues en moins d'une seconde, et au fond d'elle-même, s'y résigna.

– Hyôki ! cria soudain une voix.

Quelque chose de rouge sombre passa devant ses yeux.

... Je saigne...

Pourtant, elle ne ressentit aucune douleur particulière. Elle ferma enfin les yeux. Elle s'était imaginé la mort comme quelque chose d'extrêmement pénible et horrible, mais tout compte fait, cela lui semblait moins douloureux que prévu.

– Réveillez-vous ! fit une voix forte.

Quelqu'un tentait de l'aider à retrouver ses esprits en la secouant par les épaules. C'était le jeune homme qui, penché sur elle, la regardait droit dans les yeux. Elle sentit le contact du béton sous son dos et les barres de la balustrade contre son épaule.

– Ce n'est pas le moment de vous évanouir, surtout.

Yôko sauta sur ses pieds. Étrange... Elle se trouvait maintenant bien loin de l'endroit où elle se tenait quelques instants plus tôt. Du coin de l'œil, elle vit l'oiseau monstrueux devant la porte, qui poussait son horrible cri, les ailes déployées. Elle sentait le souffle de chacun de ses battements d'ailes. Ses griffes s'étaient incrustées profondément dans le sol de béton, si profond qu'il ne parvenait plus à se libérer. De rage, il secouait son énorme tête. Entre les plumes, Yôko aperçut la tête d'un fauve qui serrait le cou de l'oiseau dans ses mâchoires, une sorte de panthère au corps rouge foncé.

– Que… ? s'écria Yôko. Qu'est-ce que c'est ?

– Je vous avais dit que c'était dangereux, répondit le jeune homme en la tirant vers lui.

– Kaiko !

Répondant à l'appel du jeune homme, un buste de jeune femme entouré de plumes apparut. Elle semblait flotter au-dessus du sol. Elle avait des ailes à la place des bras, et tenait une épée serrée contre sa poitrine, une épée d'apparat, dans un fourreau richement décoré. La poignée était d'or, et d'or également étaient les ornements du fourreau couvert de pierres précieuses. La décoration en était si riche et si chargée qu'il semblait peu probable que cette arme serve réellement à se battre.

Le jeune homme prit l'épée des mains de la femme et la tendit à Yôko.

– Que… quoi ?

– Ceci est à vous. Prenez-la, je vous prie.

Yôko regarda alternativement le jeune homme et l'épée.

– À moi ?

Le jeune homme eut une moue de dégoût et mit l'arme de force dans la main de Yôko.

– Pour ma part, je n'ai aucun goût pour ce genre d'objets…

– Vous voulez dire que je dois me défendre toute seule ? Vous n'allez pas me sauver ?

– Je n'ai malheureusement aucun talent au combat…

– Mais…

L'épée était encore plus lourde qu'elle n'en avait l'air. Il paraissait totalement impossible à Yôko de manier un tel engin.

– … Mais moi non plus… je n'y connais rien !

– Vous avez donc envie de vous laisser tuer sagement sans rien faire ?

– Euh… non…

– Alors, battez-vous !

La plus extrême confusion régnait dans la tête de Yôko. Sa seule certitude était qu'elle ne voulait pas mourir. Mais de là à se battre à l'épée contre les monstres de ses rêves, s'il s'agissait bien d'eux… Cela demandait un courage, une force et une technique qu'elle était loin de posséder. Deux voix se disputaient en elle : « Tire cette épée et bats-toi », disait l'une ; « Mais j'en suis incapable ! » disait l'autre… Déchirée entre les deux, Yôko choisit une troisième voie : elle lança le fourreau et l'épée avec contre l'oiseau.

– Mais que faites-vous, idiote !

Il y avait à la fois de la surprise et de la colère dans la réaction du jeune homme. L'épée n'atteignit même pas sa cible. Elle tomba à plat et poursuivit sa course en glissant jusqu'aux pattes de l'oiseau qui continuait à battre l'air de ses ailes.

– Mais que faites-vous ? Ce n'est pas possible… fit de nouveau le jeune homme sur un ton où pointait la déception, si ce n'est un certain mépris. Hyôki !

La panthère rouge lâcha sa proie. Elle sauta sur le sol, baissa la tête et prit l'épée dans sa gueule avant de l'apporter d'un bond au jeune homme.

– Tu vas pouvoir le retenir ? demanda celui-ci en récupérant l'épée de la gueule du fauve.

– Je ferai mon possible…

Yôko n'en crut pas ses oreilles ! Ce fauve parlait !

– Kaiko ! cria le jeune homme en s'adressant cette fois à la femme au corps d'oiseau.

Au même moment, l'oiseau monstrueux, qui était enfin parvenu à libérer ses griffes du béton, s'envola, faisant tourbillonner un nuage de poussière et de gravillons. Mais le fauve rouge lui sauta de nouveau dessus. Kaiko, la femme-oiseau, s'était matérialisée tout entière cette fois, et vint lui prêter main-forte. Elle avait des jambes de femme mais possédait, en plus de ses ailes, une longue queue ornée de plumes.

– Hankyo ! Jûsaku ! appela le jeune homme.

À ces mots, apparurent deux nouveaux énormes animaux. L'un était une sorte de chien géant, l'autre un genre de grand singe cynocéphale, ressemblait à un babouin.

– Hankyo, à toi de jouer ! Jûsaku, occupe-toi d'elle !

– À vos ordres ! firent les deux bêtes en s'inclinant.

Le jeune homme leur rendit leur salut avant de tourner le dos. Il se dirigea fermement vers la balustrade et disparut instantanément.

– Que… Non ! Attendez ! s'écria Yôko.

Mais à peine le jeune homme lui avait-il donné ses ordres que le babouin répondant au nom de Jûsaku prit de force Yôko à bras-le-corps. Celle-ci eut beau crier, le babouin la souleva du sol et bondit dans le vide par-dessus la balustrade.

6.

En une série de bonds prodigieux, le singe passa de la terrasse du lycée à un pylône électrique, puis de là à un immeuble, ainsi de suite jusqu'à la sortie de la ville. Il déposa Yôko sur la jetée, face au port. Puis il disparut sans un mot, la laissant reprendre son souffle avec difficulté. En le cherchant du regard, entre deux blocs de béton du brise-lames, elle aperçut le jeune homme à l'épée.

– Vous n'êtes pas blessée ? demanda-t-il.

Yôko le rassura d'un signe de tête. Elle n'avait rien, hormis un léger vertige dû aux bonds gigantesques du babouin, et peut-être aussi à l'invraisemblable succession d'événements qui venaient de se produire. Elle s'effondra et se mit à sangloter.

– Ce n'est pas le moment de fléchir !

Yôko leva les yeux vers le jeune homme qui venait de mettre un genou à terre près d'elle. Que se passait-il ? Du regard, elle implora une réponse, mais il ne semblait pas disposé à lui apporter la moindre explication. Son attitude était si glaciale qu'elle ne se sentait pas le courage de le questionner. Elle se recroquevilla et entoura ses genoux de ses bras.

– J'ai eu si peur !... murmura-t-elle.

– Ce n'est pas le moment de se laisser aller aux jérémiades ! la réprimanda-t-il. L'ennemi approche pour une nouvelle attaque. Nous n'avons pas le temps de nous reposer.

– Une nouvelle attaque ?

– C'est votre faute ! Vous n'avez pas voulu le tuer. Hyôki et Kaiko pourront le retenir un moment, pas davantage.

– Vous voulez parler de l'oiseau ? Qu'est-ce que c'était, exactement ?

– Un kochô.

– Un kochô ?

Le jeune homme parut déçu.

– Il sera bientôt là...

Yôko, qui manquait de force de caractère pour exiger des explications plus précises, baissa piteusement la tête.

– Et vous, qui êtes-vous ? Pourquoi m'avez-vous sauvée ? demanda-t-elle.

– Mon nom est Keiki.

Encore une fois, la réponse du jeune homme était trop laconique, et n'apportait aucun éclaircissement.

Yôko poussa un soupir. Tiens, je croyais que vous vous appeliez Taiho ? aurait-elle voulu lui répliquer. Mais la situation ne se prêtait pas à ce genre de conversation. À vrai dire, elle avait bien envie de laisser là l'inconnu et de rentrer à la maison. Mais son sac et son manteau étaient restés au lycée, et elle ne se voyait pas aller les chercher toute seule après ce qui s'était passé, pas plus qu'elle ne s'imaginait revenir chez elle dans cet état.

– Êtes-vous prête ? demanda soudain Keiki, alors qu'elle restait perdue dans ses pensées.

– Prête ? Prête pour quoi faire ?

– Êtes-vous prête à partir ?

– Hein ? Partir ? Mais où ça ?

– Là-bas.

Où ça, là-bas ?... se demanda Yôko. Mais Keiki ne lui laissa pas le temps de réagir et la tira soudain par le poignet.

Encore ? Mais de quel droit cet individu m'oblige-t-il à le suivre sans la moindre explication ?...

– Attendez...

– Nous n'avons plus le temps, répondit-il d'un ton où perçait l'énervement. Je vous ai suffisamment attendue comme ça.

– Mais où allons-nous ? Combien de temps cela va-t-il durer ?

– À vol d'oiseau, une journée pour l'aller.

– Mais c'est impossible !

– Vraiment ?

Le ton ne souffrait aucune réplique et Yôko baissa la tête. Mais comment accepter de suivre un inconnu, qui plus est aussi étrange que celui-là. Une journée de voyage, c'était déjà inimaginable. Comment expliquerait-elle ça à ses parents ? D'ailleurs, ses parents étaient bien trop stricts pour la laisser partir ainsi à l'improviste avec un individu pour le moins suspect.

– Je ne peux pas... fit-elle, les larmes aux yeux.

Elle ne comprenait absolument rien à ce qui lui arrivait. Et maintenant, sans aucune explication, cet homme exigeait d'elle de partir pour une destination inconnue. Elle dut lutter de toutes ses forces pour retenir ses larmes, de peur de se faire à nouveau réprimander.

– Taiho !

Le jeune homme leva les yeux.

– Le kochô revient ?

– Oui.

Yôko sentit un frisson lui courir le long de l'échine. L'oiseau géant revenait à l'attaque...

– Sauvez-moi... ! fit-elle timidement en attrapant le bras de Keiki.

Celui-ci se retourna et lui tendit l'épée, pointe en bas.

– Battez-vous avec ceci, si vous tenez à la vie.

– Mais je ne sais pas me battre !

– Pourtant, vous seule pouvez utiliser cette épée.

– Je n'y arriverai jamais !...

– Bon, je vais vous prêter un hinman, alors... Jôyû !

À cet appel, un visage d'homme sortit du sol. Son teint était pâle à faire peur, ses traits anguleux comme les arêtes d'un rocher, et ses yeux injectés de sang. Ce visage était rattaché, non pas à un cou, mais à une forme molle et translucide, semblable à une méduse.

La forme gélatineuse lui sauta au visage.

– Qu'est-ce que... ? s'écria Yôko.

Elle voulut se protéger mais Keiki lui retint le bras. Incapable de fuir, elle sentit tout à coup une masse lui peser sur les épaules, contre sa nuque. Elle comprit que la méduse à tête d'homme venait de s'agripper à elle. Une matière froide et flasque s'infiltra le long de son cou dans le col marin de son uniforme.

– Nooon ! Enlevez-moi ça ! cria-t-elle.

Elle agita son bras libre en tous sens, s'efforçant de se débarrasser de cette chose. Mais Keiki empoigna également son autre main.

– Cessez vos caprices. Calmez-vous.

– Non ! Lâchez-moi !

Des tentacules visqueux et froids comme des algues se glissèrent dans sa nuque. La masse qui lui pesait derrière la tête l'empêchait toujours de bouger.

Ses jambes plièrent et elle tomba à genoux. Elle se débattait de toutes ses forces. Finalement, prise de panique, elle roula à terre. Mais quand, parvenant enfin à échapper à l'étreinte du jeune homme, elle porta ses mains à sa nuque, il n'y avait plus rien.

– Que… qu'est-ce que c'était ?

– C'est juste Jôyû qui s'est emparé de vous.

– Emparé de moi ?

Yôko palpa son corps mais la chose avait disparu.

– Jôyû connaît le maniement de l'épée. Vous pouvez vous en servir maintenant.

Keiki lui tendit l'arme de nouveau.

– Les kochô sont rapides. Commencez déjà par tuer celui-là, sinon c'est vous qui serez tuée.

– Vous voulez dire… qu'il y en aura d'autres ?

Yôko pensait à son rêve…

– Non… je n'y arriverai jamais, reprit-elle. Et puis d'abord, cette chose tout à l'heure, là, ce « Jôyû », ou « Hinman », que sais-je… où est-il passé ?

Keiki ne répondit pas. Il leva les yeux vers le ciel.

– Le voilà…

7.

Un cri horrible retentit dans son dos. Yôko se retourna brusquement. La grande épée pesait dans sa main. En un éclair, elle vit l'oiseau monstrueux qui piquait sur elle en hurlant, les ailes déployées. Impossible de l'esquiver. Elle se sentit perdue : l'oiseau était bien trop rapide, et elle ne savait pas se servir d'une épée. Et de toute façon, elle n'avait pas le courage de faire face à un tel monstre. Les terribles serres au bout des pattes puissantes occupaient maintenant la totalité de son champ de vision. Elle voulut fermer les yeux mais, étrangement, cela lui fut impossible. Un éclair blanc passa devant elle. Il y eut un bruit aigu, comme le choc de deux silex l'un contre l'autre. Les griffes de l'oiseau monstrueux, grosses comme des haches, furent stoppées juste devant son visage.

C'était l'épée qui les avait arrêtées. Oui, son épée… Si étrange que cela puisse paraître, c'étaient bien les mains de Yôko qui avaient, à une vitesse prodigieuse, dégainé l'arme et l'avaient brandie devant son visage pour parer l'attaque.

Comment est-ce possible ?

Ce fut encore sa propre main qui leva l'épée et en donna un grand coup droit sur les pattes de l'animal. Un sang rouge et tiède jaillit et vint éclabousser le visage de Yôko qui en fut saisie d'effroi.

Non, ce n'était pas elle. Ce n'était pas elle qui maniait l'épée. C'étaient bien ses mains, mais elles se mouvaient toutes seules. Ses bras, ses jambes avaient bougé d'eux-mêmes et, dans un geste de panique inconsciente, avaient réussi à couper une patte du kochô. Une autre giclée de sang lui inonda le visage. Elle sentit le liquide tiède lui dégouliner du menton le long du cou et pénétrer dans son corsage. Ce contact révulsant la fit frissonner.

Elle recula d'un pas. L'oiseau monstrueux s'était éloigné à quelque distance, mais il revint immédiatement à l'attaque, plus agressif encore. Un coup d'épée lui coupa net une aile alors que Yôko sentait sur son corps la fraîcheur de l'air déplacé par son geste.

Oui, ce devait être cette chose, ce monstre visqueux, « Jôyû » comme le jeune homme l'avait appelé...

Blessé, l'oiseau géant vint s'écraser sur le sol en hurlant de douleur. Tout en suivant la trajectoire du kochô, Yôko comprit enfin. Oui, c'était cette espèce de monstre, Jôyû, qui contrôlait ses mouvements et maniait l'épée. L'oiseau revint vers elle en se traînant, frappant le sol de ses ailes blessées.

Yôko esquiva habilement l'attaque et lui ouvrit le ventre quand il la frôla. Le sang tiède jaillit de nouveau, éclaboussant son uniforme, ses mains et ses jambes.

– Non ! cria-t-elle, révulsée par le contact de la lame dans les chairs.

Cela prouvait au moins que si son corps ne lui obéissait plus, elle pouvait encore parler.

Sans se préoccuper du sang qui giclait, elle trancha une aile du kochô gisant à terre. Le sang écumait au coin de son bec immonde.

– Non ! Arrêtez ! protestait toujours Yôko, sans aucun effet.

L'oiseau géant se débattait désespérément pour reprendre son envol, mais ses ailes déchirées n'avaient plus la force de le soulever du sol. La lame s'enfonça cette fois droit dans le dos du monstre. Yôko ferma les yeux mais ne put éviter de sentir une nouvelle fois la résistance visqueuse de la chair molle. Puis son bras frappa deux fois le cou de la bête, sectionnant les vertèbres cervicales. La tête roula au sol. Yôko vit ses propres mains essuyer la lame ensanglantée aux plumes du monstre agonisant. À cet instant seulement, Yôko retrouva le contrôle de son corps.

Son premier réflexe fut de jeter l'arme sur le sol en poussant un cri de dégoût. Le corps penché au-dessus de la digue, elle vomit dans la mer. Sautant ensuite sur les tétrapodes de béton disposés en vrac contre la jetée, Yôko entra dans l'eau sans hésiter et s'y enfonça jusqu'aux genoux. On était en février, l'eau était glaciale et le froid tranchant comme un rasoir. Mais tout lui était préférable au contact immonde du sang sur sa peau. Elle se frictionna vigoureusement les bras, les jambes et le visage. Alors seulement elle put retrouver son calme.

Elle s'aperçut pourtant qu'elle tremblait. Elle remonta sur la digue avec effort et se mit à crier. Elle criait de peur et de dégoût accumulés, et ne s'arrêta que lorsque, à bout de force, sa voix se brisa.

– Ça y est, vous êtes prête ? fit Keiki.

– Pardon ?

Yôko leva lentement les yeux vers lui : son visage ne trahissait aucune expression.

– N'allez pas croire que c'était notre seul poursuivant. D'autres vont bientôt arriver.

– Et alors, quoi ?

Tout lui était égal. Le mot « poursuivant » la laissait parfaitement indifférente et c'est sans la moindre timidité qu'elle jeta un regard plein de défi à l'adresse du jeune homme aux cheveux dorés.

– Ils sont puissants. Je dois vous emmener avec moi pour assurer votre protection.

– Je refuse, répliqua sèchement Yôko.

– Vous êtes vraiment irresponsable…

– J'en ai marre, je rentre chez moi.

– Vous ne serez pas en sécurité chez vous.

– Ça m'est égal. J'ai froid. Et dites à cette horreur de sortir de moi !

Keiki la fixa du regard. Mais Yôko ne baissa pas les yeux.

– Il est encore là, n'est-ce pas, ce machin monstrueux, Jôyû, comme vous l'avez appelé ? Faites-le sortir !

– Non. Il vous sera utile encore quelque temps.

– Ça m'étonnerait ! Moi, je rentre à la maison !

– Vous êtes vraiment têtue…

Yôko ouvrit de grands yeux.

– Votre mort serait un trop grand malheur, continua Keiki. Je vous emmènerai, de force si nécessaire.

– Ne me mêlez pas à ça !

En y réfléchissant bien, c'était probablement la première fois de sa vie qu'elle se mettait en colère contre quelqu'un. Et tout compte fait, ce n'était pas si désagréable. Au contraire, crier de rage comme elle venait de le faire lui avait procuré une exaltation inconnue.

– Mais qu'est-ce que j'ai fait pour mériter ça ? Je veux rentrer chez moi ! Toute cette histoire ne me regarde pas ! Je n'irai nulle part. Je rentre !

– Je suis désolé, mais nous ne pouvons accéder à votre demande dans la situation présente.

Yôko repoussa sans ménagement l'épée que lui tendait Keiki.

– Je vous dis que je veux rentrer chez moi ! Je n'ai aucun ordre à recevoir de vous !

– Et moi, je vous dis que votre vie est en danger, vous ne comprenez donc pas ?

Yôko lui renvoya un sourire ironique.

– Ça m'est égal ! Ma vie ne vous regarde pas !

– Si ! répondit sèchement Keiki en jetant un regard par-dessus l'épaule de Yôko.

Soudain, deux ailes blanches la saisirent par derrière.

– Que faites-vous ?

Tournant la tête, Yôko reconnut la femme-oiseau. Cette fois encore, elle lui mit l'arme de force dans les mains et, sans discussion, la prit à bras-le-corps dans ses ailes.

– Lâchez-moi !

– Je suis à votre service, Maîtresse, fit la femme-oiseau.

– Maîtresse ? répéta Yôko en jetant un regard interrogateur à Keiki.

– Vos désirs sont des ordres. Mais pour l'heure, il en va de votre vie. Veuillez pardonner notre désobéissance pour cette fois : le plus urgent désormais est de vous conduire en lieu sûr. Nous vous expliquerons plus tard les raisons de tout cela, et si vous désirez toujours rentrer chez vous par la suite, je vous promets que nous respecterons votre volonté.

– Depuis quand suis-je votre maîtresse ? Vous débarquez comme ça de nulle part sans prévenir, et depuis c'est n'importe quoi ! Ça suffit !

– L'heure n'est pas aux explications, répondit Keiki, le visage impassible. Soyez sûre que si j'avais le choix, je me passerais bien de servir une maîtresse comme vous. Mais vous abandonner m'est absolument impossible. Tout comme il m'est impossible de laisser des étrangers se mêler de notre histoire. Nous vous emmènerons donc, de gré ou de force ! Kaiko, occupe-t'en !

– Non ! lâchez-moi ! cria encore une fois Yôko, mais Keiki ne se retourna même pas.

– Hankyo ! cria-t-il.

À son appel, le grand chien à pelage roux qu'ils avaient laissé sur le toit du lycée réapparut soudain, comme s'il se matérialisait de l'ombre. Keiki l'enfourcha comme un cheval.

– … Tu voleras à distance, je n'aime pas l'odeur du sang…

Puis il appela Hyôki, la panthère géante. La femme-oiseau, serrant toujours Yôko dans ses bras ailés, se hissa à son tour sur sa monture.

– Arrêtez ! se débattit Yôko. Je veux rentrer chez moi ! Enlevez au moins le monstre qui est entré dans mon cou !

– Il ne vous gênera en rien. Certes, il est à l'intérieur de votre corps, mais je sais que vous ne le sentez même pas…

– Je m'en moque, c'est dégoûtant ! Enlevez-moi ça !

– Jôyû, fit Keiki en se retournant vers elle, reste là et ne te montre pas !

Il n'y eut aucune réponse.

Sur un signe de tête de Keiki, la monture de Yôko et de la femme-oiseau se cabra. Surprise, Yôko agrippa l'aile de la femme-oiseau qui la maintenait toujours fermement, puis la bête fit un bond dans l'espace, silencieuse.

– Nooon !

Sans se soucier des protestations de Yôko, la bête courait dans l'air. Mais ses mouvements étaient si doux et si lents qu'elle aurait pu la croire immobile, si elle n'avait vu en même temps la terre qui s'éloignait rapidement. Comme en rêve, la ville apparut dans la lumière du crépuscule.

8.

La lueur des étoiles au ciel, les lumières de la ville sous leurs pieds, tous ces points lumineux emplissaient l'espace d'un halo. Le grand fauve courait au-dessus de la mer. Il semblait se déplacer au ralenti, et Yôko ne sentait pas le moindre souffle d'air sur sa peau. Seules les lumières de la ville qui fuyaient derrière elle lui indiquaient qu'elle s'éloignait en réalité à une vitesse extraordinaire. Ni ses cris, ni ses protestations, ni même les supplications qu'elle émit ne reçurent la moindre réponse. La ville disparue, la nuit était tellement noire que rien ne lui permettait d'évaluer l'altitude à laquelle elle se trouvait. Aussi n'éprouvait-elle pas vraiment le vertige. Sa seule inquiétude concernait plutôt sa destination, car elle voyait sa monture progresser toujours plus loin vers le large.

L'autre animal, qui portait Keiki, n'était visible nulle part : il devait se tenir à distance, comme ce dernier le lui avait recommandé. La fatigue s'abattit soudainement sur Yôko et elle renonça à crier. Maintenant qu'elle s'était résignée à la situation, elle pouvait s'abandonner à l'agréable sensation d'être ballottée sur le dos de ce fauve puissant qui fendait les airs. Yôko avait encore un peu froid, mais dans son dos, le corps de la femme-oiseau serrée contre elle lui communiquait une tiédeur apaisante.

– Nous… nous sommes poursuivis ? balbutia Yôko en se retournant.

– De nombreux démons-yôma sont après nous, confirma la femme-oiseau d'une voix douce.

– Mais dites-moi… qui êtes-vous exactement ?

– Nous sommes les serviteurs du Taiho. Faites attention, regardez devant vous. Si vous tombiez, nous serions punis pour avoir commis une telle faute…

– … Pardon, fit Yôko en reprenant à regret sa position.

Devant elle, il n'y avait rien. Rien que les étoiles et les vagues scintillantes dans la mer d'ombre, et, très haut dans le ciel d'un noir d'encre, la lune glacée.

– Ne lâchez pas l'épée. Ne vous en séparez jamais !

Ces mots la firent sursauter. Allait-elle de nouveau se retrouver mêlée à un combat qui lui chavirerait le cœur comme tout à l'heure ?

– Les ennemis se rapprochent ?

– Ils nous poursuivent, mais Hyôki est plus rapide qu'eux. Ne vous inquiétez pas.

– Mais alors... pourquoi ?

– Ne vous séparez jamais de votre épée ni de son fourreau. Tenez-vous prête à toute éventualité.

– L'épée et le fourreau ?

– L'épée fait corps avec le fourreau et ne doit pas en être séparée. La perle attachée au fourreau vous protège elle aussi.

Yôko regarda l'épée qu'elle tenait dans ses bras. Au bout d'un cordon tressé richement ouvragé se trouvait une pierre bleue de la grosseur d'une balle de ping-pong.

– Est-ce là la perle dont vous parlez ?

– Oui. Si vous avez froid, serrez-la dans vos mains.

Suivant le conseil de la femme-oiseau, Yôko saisit la pierre dans une main. Une sensation de tiédeur se répandit immédiatement dans tout son corps.

– C'est chaud... fit-elle.

– Cette perle guérit les maladies, soulage la douleur et la fatigue. Cette épée et son fourreau sont votre trésor, un trésor inestimable. Ne les égarez jamais, à aucun prix !

Yôko s'apprêtait à l'interroger de nouveau quand sa monture changea brusquement de direction et se mit à piquer vers le sol.

Le reflet blanc de la lune apparut devant eux sur la mer ténébreuse. Ce halo fantomatique, comme cousu sur les flots, s'élargit rapidement et brilla plus fort. À leur approche, les flots autour du disque lumineux se mirent à écumer, à bouillonner, puis se dressèrent soudain en un gigantesque mur d'eau circulaire qui sembla soulever le reflet de la lune hors des flots. La grande panthère rouge plongea au centre de ce puits de lumière.

– Mais je ne sais pas nager ! laissa échapper Yôko dans un cri, tout en s'agrippant fermement aux ailes blanches de la femme-oiseau.

– Cela n'a pas d'importance, répondit celle-ci en la serrant seulement un peu plus.

Yôko n'eut pas le temps de protester à nouveau. Elle hurla d'effroi, tendant ses muscles dans l'attente du choc.

Le choc ne vint pas. Pas plus d'ailleurs que le contact avec l'eau froide auquel elle s'était attendue. Elle eut simplement l'impression de se dissoudre dans l'intense lumière argentée qu'elle devina à travers ses paupières closes. Une caresse soyeuse sur ses joues les lui fit rouvrir : elle se trouvait maintenant dans une sorte de cylindre lumineux. Un silence absolu régnait. Seule une lumière vide et froide baignait l'espace autour d'elle. À ses pieds, le reflet blanc de la lune se découpait encore sur la surface sombre de l'eau écumeuse.

– Qu'est-ce que c'est ?

Au-dessus d'eux, le même disque blanc se découpait dans le ciel, énorme. Mais était-ce bien le ciel ? Yôko n'était plus sûre de distinguer le haut du bas, le ciel de la mer. Laquelle des deux lunes était réelle ? Laquelle son reflet ? Quoi qu'il en soit, les deux lunes à chaque bout du tunnel de lumière étaient tellement énormes que celui-ci ne devait pas être bien long. Le grand fauve plongea de nouveau la tête la première à travers le disque de la lune. Elle sentit le même contact soyeux que tout à l'heure. L'autre extrémité du tunnel se trouvait, comme tout à l'heure, au-dessus de la mer.

Il lui sembla avoir retrouvé l'ouïe. Les vagues aux crêtes écumeuses s'étendaient à l'infini. Le reflet de la lune glissait sur les flots comme auparavant, comme si le fait d'avoir traversé ce tunnel n'avait rien changé à l'ordre des choses. On ne voyait aucune terre à l'horizon.

Le passage avait engendré de profondes rides concentriques à la surface de l'eau, semblables à celles produites par le front d'une tempête. L'écume qui poudrait la crête des vagues témoignait assez de la violence du souffle. Pour la première fois depuis leur envol, Yôko sentit un vent léger chargé d'embruns l'envelopper.

La bête reprit de l'altitude. La tache blanche de la lune sur la mer diminua progressivement, retrouvant l'aspect ordinaire de l'astre se reflétant sur l'eau.

– Hyôki ! cria soudain la femme-oiseau.

Yôko se retourna et suivit son regard. D'innombrables ombres bondissant au-dessus des flots se rapprochaient à vive allure.

De gros nuages vinrent masquer la lune et son reflet. Cette fois, les ténèbres étaient totales, d'un noir de laque.

Dans ces ténèbres sans repère, sans haut ni bas, une lueur rougeoyante perça soudain l'obscurité. On aurait dit un incendie, quelque part, au loin. Au fond de la nuit, la lueur dansait, sautillait. Yôko vit s'approcher une infinité de points noirs, se détachant comme des ombres sur le rougeoiement de l'horizon. Petit à petit, les ombres grandirent et formèrent bientôt un immense troupeau de bêtes monstrueuses qui s'avançaient vers elle à grands bonds. Certaines ressemblaient à des singes, d'autres à des rats, d'autres encore à des oiseaux, mais tous effrayants, extravagants et difformes, de diverses couleurs, rouge, noir, bleu…

Yôko en resta pétrifiée. Elle connaissait bien cette vision.

– Il faut fuir ! cria-t-elle.

– Soyez sans crainte, c'est ce que nous faisons, répondit la femme-oiseau en renforçant la pression de ses ailes qui l'enserraient comme des bras pour l'apaiser. Tenez-vous bien à Hyôki.

– Mais vous ? Que faites-vous ?

– Je vais essayer de les retenir. Cramponnez-vous bien à Hyôki et, surtout, ne lâchez pas l'épée.

Avec un regard rassurant, plein de fermeté et de confiance pour Yôko, la femme-oiseau desserra son étreinte et fit un bond. Yôko vit son dos zébré de brun et d'or s'éloigner derrière elle, volant au-dessus des flots.

Les ténèbres régnaient toujours autour d'elle et un vent tourbillonnant lui fouettait le visage.

– Euh… Hyôki… Hyôki ? dit-elle d'une voix hésitante en se penchant vers l'oreille de la panthère.

– Oui ? répondit l'animal.

– Vous pensez pouvoir les distancer ?

– Ma foi…

Hyôki ne semblait pas particulièrement troublé ni même inquiet.

– Attention ! Au-dessus ! s'écria-t-il.

– Quoi ?

Yôko leva les yeux et aperçut une lueur rouge.

– Un gôyu…

La bête fit brusquement un écart. Au même instant, quelque chose qui venait d'en haut les frôla.

– Qu'est-ce que c'était ?

En quelques bonds, Hyôki prit rapidement de la hauteur en zigzaguant.

– Vous devriez dégainer votre épée, nous allons devoir les affronter…

– Mais… je…

Devant elle, une nouvelle lueur rouge se détacha de la masse informe des ombres qui dansaient alentour.

– Nooon, fuyez !

Elle hésitait encore à sortir l'épée de son fourreau quand elle sentit un frisson froid lui parcourir les jambes. Le temps de s'en apercevoir, elle se tenait maintenant droit sur sa monture, le buste dégagé, serrant fortement les flancs de Hyôki. Elle avait déjà tiré l'épée de son fourreau, et passé celui-ci dans sa ceinture. Bien malgré elle, elle était prête au combat.

– Nooon !

Sa main droite tenait fermement l'épée pendant que, de sa main gauche, elle empoignait la fourrure de Hyôki.

– Arrêtez, je vous en prie !

Hyôki fendit la troupe de leurs assaillants. Les deux forces se croisèrent comme deux coups de vent en sens opposé. L'épée parait les attaques des monstres qui surgissaient de tous côtés. Yôko hurlait d'effroi, mais cela n'empêchait pas ses mouvements d'être parfaitement coordonnés.

Yôko n'avait jamais tué d'être vivant et elle se rappelait que les travaux pratiques de dissection d'une grenouille en cours de biologie lui avaient donné mal au cœur. Garder les yeux ouverts devant le massacre qui se déroulait devant elle était au-dessus de ses forces. À peine eut-elle fermé les paupières que son bras retomba, inerte.

– Ne fermez surtout pas les yeux, fit Hyôki, sinon Jôyû ne peut pas agir.

– Mais je ne peux pas !

Hyôki fit une embardée si violente que Yôko en ressentit une forte secousse dans la nuque. Il bondissait maintenant en tous sens pour esquiver les ennemis, mais Yôko n'ouvrait toujours pas les yeux. Elle ne voulait rien voir, et si fermer les yeux suffisait à neutraliser l'épée, elle préférait ne plus jamais les rouvrir.

Elle perçut soudain un jappement bref accompagné d'un choc violent, comme si Hyôki venait de heurter un mur. Cette fois, ses yeux s'ouvrirent par réflexe, mais elle ne vit que du noir. Elle n'eut pas le temps de se poser de question : en un éclair, elle fut désarçonnée, et ne sentit plus le chaud contact des flancs de Hyôki entre ses jambes. Projetée en l'air, elle n'eut même pas le temps de crier. Devant ses yeux, une bête monstrueuse semblable à un sanglier se précipitait sur elle. L'instant suivant, elle sentit dans sa main droite l'atroce résistance des chairs tranchées. Les hurlements de mort du monstre, mêlés à ses propres cris de terreur, l'assourdirent.

Ce fut la dernière chose que ses sens lui transmirent avant qu'elle ne chavire et ne sombre dans la nuit totale.

Deuxième partie

1.

Quand elle reprit connaissance, elle se trouvait sur une plage. Les vagues déferlaient sur le sable, projetant des embruns jusque sur son visage. Les plus grosses parvenaient à lui lécher les pieds mais l'eau n'étant pas trop froide, elle ne les retira pas, préférant les abandonner à leur fraîcheur. La mer exhalait une odeur forte et prégnante. Une odeur de sang. Elle se sentait encore étourdie. Cependant, certaines pensées commencèrent à flotter dans sa tête… « Le sang est un liquide aux propriétés physiques proches de celles de l'eau de mer »…

Finalement, c'est presque de l'eau de mer qui circule dans le corps, et c'est peut-être pour ça que l'on peut entendre le bruit des vagues en écoutant son propre corps…

Une vague plus forte que les autres lui mouilla les jambes jusqu'aux genoux. Quelques grains de sable venus se coller à sa peau la chatouillèrent. Chaque vague apportait une nouvelle bouffée d'air chargé des odeurs de la mer. Son regard alla se perdre sur le bout de ses pieds. Là, elle eut une surprise. Les vagues qui venaient mourir sur ses jambes semblaient teintées de rouge. Elle regarda plus attentivement mais ne s'expliquait pas ce phénomène : la mer était grise, le ciel également gris, pas rouges. Une nouvelle vague vint s'écraser sur la plage. Comme la précédente, l'eau qui se retira était indéniablement rouge. Yôko chercha rapidement d'où cela pouvait venir. À sa grande surprise, c'était de ses propres jambes que la mer prenait cette couleur. Elle distingua enfin le rouge, qui suintait au niveau de l'arête de ses tibias. Elle se dressa d'un seul coup, affolée. Elle pouvait se tenir debout, c'était déjà ça, mais ses jambes, ses bras et tout son uniforme étaient maculés de rouge foncé.

Du sang !

Elle était couverte de sang ! Ses mains étaient noircies d'un liquide horriblement visqueux. Elle les porta, hésitante, à sa tête et à ses cheveux, pour s'assurer qu'elle n'était pas gravement blessée. Son cri de terreur couvrit celui des vagues.

Yôko était seule, debout sur une plage de sable, les pieds dans l'eau. L'eau de chaque vague, grise en venant mourir à ses pieds, devenait rouge en se retirant…

Elle s'accroupit et se frotta fébrilement les mains dans la vague suivante. L'eau rougie par le sang s'échappait toujours entre ses doigts. Elle répéta plusieurs fois l'opération, mais sa peau ne retrouvait pas sa blancheur initiale. Elle s'assit dans l'eau pour pouvoir se frictionner avec plus de vigueur, se laissant submerger jusqu'à hauteur de hanche à l'arrivée de chaque vague. Mais loin de s'éclaircir, la teinte rouge semblait au contraire augmenter d'intensité, et dans ce paysage uniformément gris, ce rouge vif produisait un profond sentiment de malaise.

Tout à coup, Yôko remarqua autre chose. Elle porta ses mains à ses yeux pour s'en assurer mais il n'y avait aucun doute : ses ongles avaient poussé. Poussé à un point tel que cela lui était difficile à comprendre. Alors qu'elle s'était toujours coupé les ongles court, conformément au règlement de son lycée, elle avait maintenant des ongles de près de deux centimètres de longueur, pointus et forts comme des griffes.

... Comment est-ce possible ?

En regardant plus attentivement, elle prit conscience d'un autre changement : d'innombrables craquelures zébraient le dos de ses mains.

Mais... qu'est-ce que... ?

Des croûtes se détachaient de ses mains et s'envolaient vers la mer comme des pétales de fleur emportés par le vent. Et sous les croûtes, apparaissaient une multitude de poils courts.

Une vague plus forte que les autres déchira son uniforme qui s'éparpilla en lambeaux dans les flots. Son corps entier était couvert d'une abondante toison rougeâtre. Les vagues venaient fouetter sa fourrure et emportaient au loin les poils épars, teintant de rouge les eaux autour d'elle.

Ses ongles devenus des griffes... Sa peau couverte d'une toison rouge comme une bête fauve...

Mais c'est pas vrai... Qu'est-ce qui m'arrive ?

Sous son uniforme en lambeaux, ses bras lui apparurent étrangement courbes, comme les pattes d'un chien ou d'un chat.

> *C'est le sang... C'est à cause du sang de ces monstres... Ce sang versé par l'épée que j'ai tenue et dont j'ai été éclaboussée doit avoir provoqué sa métamorphose... Je suis devenue comme eux... Non ! C'est pas vrai... Non ! Nooon !*

Mais ce n'était plus sa voix. C'était un cri de fauve qu'elle poussait par-dessus le mugissement des flots.

Yôko ouvrit les yeux dans la nuit blême.

Tout son corps lui faisait mal. Le simple fait de respirer lui était douloureux. Elle s'empressa de regarder ses mains : ni griffes ni toison rouge.

Elle prit une nouvelle inspiration. Mais cette fois, la douleur n'était rien, comparée au soulagement qui était le sien : tout cela n'avait été qu'un cauchemar. Elle se souvint : la traversée de la mer sur le dos de Hyôki, le combat avec les monstres. Cela expliquait assez bien ses courbatures et la douleur générale qu'elle ressentait. Elle voulut se relever mais elle était incapable de bouger. Elle prit de nouveau quelques longues inspirations, et parvint enfin à se mettre en position assise. Mais chaque geste lui était douloureux. Seule une lente et profonde respiration la soulageait. Des brindilles vertes tombèrent de son uniforme de lycéenne.

Des aiguilles de pin ?

Regardant autour d'elle, elle s'aperçut qu'elle se trouvait dans un bois de pins. Au-dessus d'elle, la branche d'un grand arbre présentait une cassure récente. Les fibres du bois étaient encore blanches et vives. Les aiguilles avaient dû tomber de là.

Elle sentit le pommeau de l'épée toujours fermement serré dans son poing droit, et se félicita de ne pas avoir lâché son arme dans sa chute. Elle inspecta rapidement chaque partie de son corps et s'étonna de n'y découvrir aucune blessure, hormis quelques égratignures sans gravité. Elle était donc saine et sauve. La douleur diffuse qu'elle ressentait était probablement due aux courbatures engendrées par les efforts intenses fournis pendant la nuit.

Elle passa la main dans son dos pour vérifier si le fourreau s'y trouvait toujours. Oui, il était bien là, glissé dans sa ceinture. Elle le tira et y inséra l'épée.

Une brume flottait dans l'air, annonçant l'aube prochaine. Dans le lointain, elle entendit le bruit de la mer.

C'est ce bruit qui a dû provoquer mon cauchemar, se dit-elle en se remémorant le sang et le dégoût pendant la bataille qu'elle avait menée, contre son gré... *Quelle horreur...*

Elle se trouvait donc maintenant dans un bois de pins à proximité d'une plage comme il en existe partout. Les premières couleurs de l'aube allaient apparaître. Elle était saine et sauve. C'est tout ce dont elle était sûre. Elle ne décelait aucune autre présence, ni amie ni ennemie, aux alentours.

Quand sa monture avait traversé le reflet de la lune, la lune elle-même se trouvait encore très haut dans le ciel. Il s'était donc écoulé plusieurs heures depuis. Et cela signifiait qu'elle avait perdu Keiki.

> *Quand on est perdu, le mieux est encore de rester au même endroit. Keiki me trouvera bien... Il avait l'air suffisamment sûr de lui. Si je me déplace, cela pourrait me causer des ennuis.*

Elle s'appuya contre un arbre et serra dans ses mains la perle attachée au fourreau. Ses courbatures disparurent instantanément, comme par magie. Cette perle d'un bleu nébuleux avait l'apparence d'une banale pierre polie, rappelant l'aspect du jade, s'il avait existé du jade bleu. Yôko s'assit au pied de l'arbre et serra de nouveau la pierre en fermant les yeux.

Quand elle les rouvrit, la faible lumière du petit matin soulignait les couleurs du paysage qu'elle avait à peine distingué lors de son réveil. Elle s'était donc assoupie pendant plusieurs heures. Mais Keiki et ses assistants n'avaient toujours pas reparu.

– Keiki, Kaiko, Hyôki… Quand vont-ils me trouver ? Pourquoi me laissent-ils seule ?

Une pensée lui traversa l'esprit.

– Jôyû ? demanda-t-elle timidement, songeant qu'il se trouvait peut-être encore en elle.

Mais elle n'obtint aucune réponse. De plus, elle ne présentait aucun signe de possession, aucun indice signalant que cette « chose » était présente en elle, et elle ne savait pas comment entrer en contact avec elle. Il ne se manifestait qu'en cas de danger, en prenant le contrôle de ses mouvements.

– Jôyû ? Vous êtes encore là ? Où sont Keiki et les autres ?

Yôko avait beau répéter sa question, aucune réponse ne lui parvenait en retour.

Elle commença à s'inquiéter. Quelque chose empêchait-il Keiki et les autres de la retrouver ? Leur était-il arrivé quelque chose ? Elle se souvint de l'espèce d'aboiement bref qu'elle avait entendu juste avant de tomber. Que s'était-il passé ?

Elle ne pouvait plus rester là sans bouger. Son corps cependant était encore tout engourdi, comme une machine mal huilée, et elle peina à se remettre debout. Regardant autour d'elle, elle aperçut sur sa droite la lisière du bois. Il n'y avait sans doute aucun danger à aller voir de ce côté-là.

Une lande accidentée, parsemée d'arbustes poussant au hasard sur le sol tacheté, succédait à la forêt. Yôko parvint au bord d'une falaise, haute comme un grand magasin de plusieurs étages. La mer s'étalait au-delà. Elle ne la reconnut pas. La veille, elle avait cru que la mer paraissait noire à cause de la nuit, mais elle était toujours aussi noire, même en plein jour. Plus exactement, elle était d'un bleu très foncé. Sur la grève, l'eau était claire, cristalline. Cette couleur sombre ne venait donc pas de l'eau elle-même mais de l'extraordinaire profondeur de la mer dès que l'on s'éloignait du rivage. Là, la transparence de l'eau révélait un monde abyssal où la lumière ne pénètre jamais. Tout au fond, on apercevait de petites lueurs de la taille d'un grain de sable, qui scintillaient comme les étoiles au ciel.

Yôko se laissa tomber sur le sol, prise de vertige. Cette mer avait des allures cosmiques. Tous les corps célestes qu'elle avait vus dans son livre de géographie, les nébuleuses, les galaxies, les étoiles, tous se trouvaient là devant elle, au fond de l'océan.

Mais… où suis-je ?

Non seulement elle ne connaissait pas cet endroit, mais elle était même certaine que cet océan n'existait pas dans le monde qu'elle connaissait. Était-elle donc passée dans un autre monde ?

… Ceci n'est pas réel…

Les questions se bousculaient dans sa tête. Et toutes celles qu'elle avait négligées jusque-là revenaient en masse, exigeant une réponse.

Où suis-je ? Comment s'appelle cet endroit ?

Que dois-je faire ? Pourquoi suis-je ici ?

– Jôyû !

Ce monstre qu'elle avait d'abord trouvé répugnant lui apparaissait maintenant comme son seul recours, son seul ami. Elle l'invoqua, les yeux fermés.

– Jôyû ! Je vous en prie, répondez-moi !

Mais seul un roulement de vagues dans son corps lui répondit.

– Jôyû ? Vous n'êtes plus là ? Il n'y a donc personne ? Aidez-moi, s'il vous plaît !

Elle avait disparu toute une nuit. À la maison, sa mère devait s'inquiéter et son père était sûrement très en colère… Les larmes lui vinrent et ne purent bientôt plus s'arrêter.

Il faut que je rentre… Je veux rentrer à la maison.

Après avoir pleuré tout son soûl, les genoux dans les bras, le front contre les genoux, elle retrouva son calme et releva la tête. Son front était légèrement fiévreux. Elle ouvrit les yeux. La mer cosmique s'étalait toujours devant elle.

Comme c'est étrange…

De son point d'observation, il lui semblait voir l'univers entier. Sur le fond noir de la mer, les nébuleuses tournaient lentement sur elles-mêmes au milieu des étoiles qui scintillaient.

C'est si mystérieux, et en même temps… c'est si beau !…

Yôko se sentait de nouveau calme et apaisée. Elle renaissait à elle-même. Elle contempla rêveusement la mer.

2.

Elle resta assise ainsi sur le bord de la falaise, face à la mer, jusqu'à ce que le soleil commence à décliner. Elle essayait de se figurer où elle pouvait bien être. Avant d'arriver dans ce monde, elle avait traversé le reflet de la lune. Mais le simple fait de dire « traverser le reflet de la lune » semblait tellement absurde… Aussi ridicule que de dire qu'on pouvait attraper le soleil couchant.

Dans son monde, son monde à elle, celui qu'elle connaissait depuis toujours, il n'existait aucun animal comparable aux assistants de Keiki. Oui, Keiki et ses compagnons venaient vraisemblablement de ce monde-ci… Voilà ce qu'elle pouvait comprendre, mais cela n'expliquait en rien pourquoi Keiki était allé la chercher dans son monde à elle et l'avait amenée avec lui dans celui-ci, ni pourquoi maintenant il la laissait seule. Pourquoi Keiki l'abandonnait-il dans cet endroit inconnu, alors qu'il avait juré de la protéger ? Et pourquoi des monstres l'avaient-ils attaquée ? Et pourquoi le même rêve était-il revenu pendant un mois ? Pourquoi ? Pourquoi ? Pourquoi ? Elle se sentait totalement perdue.

Tout cela était la faute de Keiki. Depuis qu'il avait fait intrusion dans la salle des profs du lycée, les événements les plus incroyables s'étaient succédé. C'est lui qui l'avait entraînée dans cette histoire. Si elle n'avait pas fait sa rencontre, elle n'aurait jamais atterri dans ce monde étrange. Et elle n'aurait jamais été obligée de tuer de ses mains des êtres vivants, même des monstres réellement menaçants.

Yôko avait donc bien le droit de lui en vouloir. Et pourtant, elle devait aussi reconnaître qu'il était la seule personne sur laquelle elle pouvait compter. Encore fallait-il qu'il réapparaisse. Quelque chose, sans doute, devait l'en empêcher. Avait-il été blessé dans le combat contre les monstres ? Ou avait-il rencontré un obstacle sur son trajet ? Plus elle y pensait et plus elle prenait conscience de la précarité de sa situation.

Pourquoi dois-je subir tout cela ? Qu'ai-je fait pour mériter ça ? C'est la faute de Keiki ! C'est sa faute si j'ai été attaquée par les monstres. Il a bien dit qu'il avait été suivi, hier au lycée. Ça veut dire que ces monstres sont ses ennemis à lui, pas les miens. Pourquoi aurais-je des monstres à ma poursuite, moi ? Il n'y a aucune raison, que je sache. Je n'ai rien fait dans ma vie pour que des monstres veuillent ma mort…

Keiki avait également déclaré qu'elle était leur maîtresse. Tout venait de là. Ça devait être une erreur. Pourquoi Yôko aurait-elle eu la moindre autorité sur Keiki ou sur qui que ce soit, d'ailleurs ? Depuis ce quiproquo, les ennemis de Keiki l'avaient prise pour cible et elle se trouvait embarquée dans une lutte qui ne la concernait pas. À cause de tout ça, elle avait été contrainte de se servir de cette fameuse épée.

À la limite, elle pouvait admettre que Keiki était venu dans son monde à elle pour chercher sa maîtresse – pourquoi pas ? – mais il s'était sûrement trompé de personne. Quand il avait dit qu'il l'avait enfin trouvée (oui, elle se souvenait que cela avait été ses premiers mots), il l'avait tout simplement confondue avec quelqu'un d'autre.

– Et c'est ça que tu appelles me protéger ? murmura-t-elle entre ses dents à l'adresse de Keiki absent. Tu prétends me protéger et, au contraire, tu me fais courir mille dangers… Tout ça est ta faute !

Yôko resta assise sur la falaise tout l'après-midi et ne se releva qu'au moment où les ombres commencèrent à s'allonger. Une chose au moins était certaine : il ne servait à rien de rester ainsi sans bouger sur cette falaise à ruminer contre Keiki.

Elle regarda autour d'elle. La falaise s'étendait des deux côtés, à perte de vue. La forêt où elle s'était réveillée était la seule direction à prendre.

Elle ne portait pas de veste et pourtant elle n'avait pas froid. Le climat était beaucoup plus agréable que celui de sa ville natale. La pinède n'était pas très profonde. Des branches de pins jonchaient le sol, comme brisées par un orage. De l'autre côté du bois, elle découvrit une étendue marécageuse.

Des marais ?...

Mais en y regardant mieux, elle comprit qu'il s'agissait de rizières mises en eau. À intervalles réguliers, des sentiers bien droits et bien entretenus, surélevés de quelques centimètres au-dessus de la surface bourbeuse, partageaient les champs. Les pousses de riz dépassaient légèrement de la surface brune de l'eau, leur tête couchée comme après une tempête. Des maisons se trouvaient regroupées en hameau, au loin. Encore au-delà, des montagnes escarpées fermaient l'horizon.

Aucun pylône électrique n'était visible dans ce paysage. Ni aucun câble entre les maisons du village. Aucune antenne de télé sur les toits de tuiles sombres. Chaque maison, aux murs de terre battue jaunâtres, était entourée d'une haie d'arbres mais la plupart étaient abattus ou couchés, déracinés.

Elle fut rassurée de voir que ces maisons avaient une apparence familière. Bien sûr, il y avait des différences entre ce paysage et ceux qu'elle connaissait, mais tout compte fait, cela ressemblait à n'importe quel coin de la campagne japonaise, et elle en éprouva quelque soulagement. Elle se mit alors à observer les alentours des maisons. Quelques paysans travaillaient dans les rizières. Ils se trouvaient trop loin pour qu'elle puisse juger de leur taille, mais leur forme n'avait apparemment rien de monstrueux.

Ouf, tant mieux...

Depuis qu'elle avait vu cette étrange mer cosmique, elle avait peur de ce qu'elle allait découvrir dans ce monde. Mais finalement, tout n'était pas aussi bizarre qu'elle aurait pu le craindre. Hormis l'absence d'électricité, ce village aurait pu exister au Japon.

Yôko respira un bon coup et décida d'aller parler aux habitants. Sa timidité la rendait hésitante, mais une chose était sûre : elle ne pourrait pas se débrouiller toute seule. Ces gens parleraient-ils japonais ? Pas sûr... mais elle saurait bien leur faire comprendre qu'elle avait besoin d'aide...

– Il faut que je leur explique ma situation et que je leur demande s'ils connaissent Keiki... se dit-elle à voix basse, comme s'il s'agissait d'une formule magique capable de lui donner du courage.

Elle emprunta un sentier qui passait au milieu des rizières et se dirigea vers les paysans. Dès qu'elle put les observer de plus près, elle comprit qu'ils n'étaient pas japonais : une femme avait les cheveux châtains, un homme les avait même rouges. En les apercevant, elle éprouva la même impression qu'elle avait déjà eue devant Keiki : leur visage et leur morphologie étaient indéniablement asiatiques, ce n'étaient pas des Blancs en tout cas, sauf que leurs cheveux n'étaient pas tous noirs, comme s'ils portaient une perruque. À part ça, ils avaient l'air tout à fait normaux. Leurs vêtements ressemblaient à des kimonos, à quelques différences près. En revanche, Yôko fut très étonnée de remarquer que tous les hommes portaient les cheveux très longs et noués en queue-de-cheval. Ils étaient en train d'ouvrir une brèche dans une bordure de rizière avec des sortes de bêches. L'un des hommes leva la tête et aperçut Yôko. Il attira l'attention de ses camarades et ils échangèrent quelques mots à voix basse. L'intonation de ses paroles ne parut pas étrangère à Yôko. Le groupe était composé de huit personnes. Tous se retournèrent vers elle. Elle les salua en inclinant le buste, à la japonaise. C'était d'ailleurs la seule façon de saluer qu'elle connaissait.

– Eh, d'où viens-tu comme ça ? fit un homme, en japonais.

Yôko sourit, soulagée. La situation n'était donc pas si terrible qu'elle avait craint.

– De la falaise… répondit-elle.

Les autres avaient arrêté de travailler et l'observaient.

– De la falaise ? Mais de quel pays es-tu ?

Yôko faillit répondre « du Japon ! », mais elle se retint. Quelques instants plus tôt, elle s'était dit que révéler sa situation était évidemment ce qu'elle avait de mieux à faire, mais maintenant, elle se demandait si c'était bien la meilleure solution. Ces gens comprendraient-ils ses explications ? Pendant qu'elle cherchait ses mots, l'homme reformula sa question.

– Tes vêtements sont étranges… Tu es venue de la mer ?

Ce n'était pas tout à fait exact, mais presque… Elle acquiesça de la tête. L'homme ouvrit de grands yeux.

– Ah, c'est donc ça… Tu viens donc de la mer… Alors ça, pour une surprise, c'est une surprise…

Un étrange petit sourire, que Yôko ne sut interpréter, apparut sur les lèvres de l'homme. Il regardait d'un air hostile ce qu'elle tenait dans sa main droite.

– Voilà un objet qui ne convient pas à une jeune fille. D'où te vient-il ?

Il parlait de l'épée.

– On me l'a donnée.

– Qui ça ?

– Un homme qui s'appelle Keiki.

Le paysan se rapprocha d'elle. Elle recula instinctivement d'un pas.

– C'est bien trop lourd pour toi… Donne-la-moi, je te la porterai.

Le regard de l'homme lui fit peur. Manifestement, ce n'était pas pour lui rendre service qu'il lui faisait cette proposition. Elle secoua la tête en serrant l'épée dans ses bras.

– Non merci, ce n'est pas si lourd… Dites-moi plutôt, je me suis égarée, où sommes-nous ici ?

– Ici, c'est Hairô. Mais ce n'est pas très poli de demander quelque chose avec un objet pareil dans les mains. Donne-moi ça…

Yôko eut un mouvement de recul.

– Je n'ai pas le droit de la lâcher, je suis désolée.

– Donne ça !

La voix cette fois était sans appel, et Yôko, apeurée par le ton soudain agressif, n'osa pas refuser. Elle lui tendit l'arme. L'homme la lui prit des mains et regarda l'objet comme une curiosité.

– Un bel objet ! Celui qui te l'a offert doit être un homme riche…

Tous les autres, qui avaient suivi la conversation à distance, se rapprochèrent et formèrent cercle autour d'elle.

– Que se passe-t-il ? Une kaikyaku ?

– Ça m'en a tout l'air… Regarde ce qu'elle avait !

L'homme, souriant, essaya de tirer l'épée de son fourreau, mais contre toute attente, n'y parvint pas.

– Ah bon, c'est juste une épée décorative… Bah, tant pis…

Sans cesser de sourire, il passa l'épée à sa ceinture, puis saisit Yôko par le bras et le lui tordit violemment. Elle poussa un cri.

– Aïe ! Lâchez-moi !

– Ah, ça, il n'en est pas question ! Les kaikyaku doivent être amenés devant le préfet, c'est la loi !

Puis il la poussa, toujours souriant, et la fit avancer.

– Allez, marche et il ne te sera fait aucun mal… Eh, vous autres, aidez-moi, on va l'emmener !

L'homme lui maintenait fermement le bras et lui faisait mal. Elle ne savait pas où il la conduisait mais elle avait maintenant toutes les raisons de s'inquiéter. Elle devait s'échapper. À peine ce projet se forma-t-il dans son esprit qu'un frisson parcourut ses membres. D'un mouvement sec, elle se dégagea de l'emprise de l'homme, lui arracha d'un geste vif l'épée et son fourreau passés dans sa ceinture et, d'un bond en arrière, elle s'écarta de lui.

– Bon sang… fit l'homme entre ses dents.

– Attention ! Son épée… prévint un autre.

– N'aie pas peur, ce n'est qu'une épée décorative ! Allez, toi, inutile de résister, avance !

– Nooon ! fit Yôko en secouant la tête.

– Tu préfères donc que je te traîne ? Je te conseille d'être plus docile !

– Je ne veux pas !

Les spectateurs étaient de plus en plus nombreux autour d'eux. L'homme fit de nouveau un pas vers elle. Yôko tira l'épée…

– Co… comment ! ?

– Je vous en prie, n'approchez pas !

Autour d'elle, les paysans étaient pétrifiés, comme s'ils avaient avalé un bâton, les yeux fixés sur elle. Yôko recula d'un pas, puis se retourna et se mit à courir. Elle entendit les bruits de course dans son dos lui signalant que les paysans n'avaient pas abandonné la partie et qu'ils comptaient bien la rattraper.

– N'approchez pas, je vous dis ! leur cria-t-elle en regardant en arrière.

Tout à coup, ses jambes se figèrent. Son corps fit volte-face, les pieds bien campés sur le sol et ses bras levèrent l'épée au-dessus de sa tête… Comme une vague qui se retire, Yôko blêmit.

Non, pas ça !…

L'épée menaçait les villageois qui approchaient.

Non, Jôyû ! Arrête !

Non, ça non… Elle ne voulait pas… Mais la pointe de l'épée dessina une courbe dans l'air…

… *Je ne veux pas tuer !* se dit-elle en fermant les yeux.

Instantanément, ses bras s'immobilisèrent. Une seconde plus tard, un choc violent la fit tomber à la renverse et elle sentit quelqu'un la plaquer à terre en se mettant à califourchon sur elle pour lui arracher l'épée. Elle se mit à pleurer, mais c'était de soulagement et non pas de douleur.

– Non mais en voilà une sauvageonne !

Plusieurs hommes la frappèrent mais elle fut remise debout avant de ressentir la moindre douleur. D'ailleurs, elle n'avait plus envie de résister, maintenant. Son seul désir était d'empêcher Jôyû de se manifester. Deux hommes l'encadrèrent en lui saisissant chacun un bras.

– Emmenez-la au village ! Prenez aussi son épée ! Après, nous l'escorterons chez le préfet.

Elle avait gardé les yeux fermés et ne vit pas le visage de celui qui venait de prononcer ces paroles.

3.

Escortée par les hommes du village, Yôko marchait sur un étroit sentier qui serpentait entre les rizières. Au bout d'une quinzaine de minutes, le groupe arriva devant une petite ville enclose de hautes murailles. Cette ville ne ressemblait pas au village que Yôko avait aperçu au pied des montagnes, qui ne comptait pas plus d'une dizaine de maisons regroupées. Celle-ci s'abritait derrière une enceinte de remparts de près de quatre mètres de haut. Une épaisse porte de bois en gardait l'entrée mais ses deux battants étaient ouverts et Yôko put apercevoir au-delà un mur de couleur rouge couvert de curieux dessins. Au pied de ce mur, chose étrange, trônait une chaise vide.

Les hommes poussèrent Yôko dans le dos et la firent entrer dans la ville. Ils contournèrent le mur rouge et débouchèrent sur une longue avenue. Cette ville ressemblait à certaines cités japonaises, mais Yôko fut néanmoins saisie par l'impression d'étrangeté absolue qui se dégageait des lieux.

L'allure générale des bâtiments lui était familière : les murs de plâtre blanc, les toits de tuiles noires, les jardins intérieurs dans lesquels on apercevait des arbres aux branches sinueuses... Mais cette ville était déserte, silencieuse, lugubre... De là ce troublant sentiment d'étrangeté.

Des ruelles partaient de l'artère principale, comme les branches ramifiées d'un arbre. Mais toutes étaient désertes. De longs murs blancs d'une hauteur d'un étage bordaient l'avenue. Derrière les portails pratiqués ici et là, Yôko entrevoyait des maisons au fond d'un jardin. De taille presque identique, elles se ressemblaient toutes, à quelques nuances près. Mais surtout, elles paraissaient vides. Certaines avaient pourtant les volets ouverts, maintenus par un bâton de bambou oblique et formant un auvent. Mais aucun bruit ne s'en échappait, et pas un chien ne vagabondait dans les rues.

Au bout de l'avenue, longue d'à peine une centaine de mètres, ils débouchèrent sur une place. Là, plusieurs bâtiments de pierre blanche étaient décorés de couleurs vives. Cette ornementation criarde jurait avec l'impression d'ensemble. Deux rues partaient à gauche et à droite de la place, mais elles allaient buter trente mètres plus loin sur le mur des remparts.

Tous les bâtiments étaient de la même hauteur et aucun toit ne dépassait les remparts. En regardant autour d'elle, Yôko put se faire une idée de la forme générale de l'enceinte : la ville semblait entièrement circonscrite dans un rectangle régulier. Une petite ville en définitive, si petite qu'on devait s'y sentir étouffer : elle devait faire moins de la moitié de la superficie totale de son lycée ! En comparaison, la muraille semblait bien trop haute… Cela lui fit penser aux décors que l'on place au fond des aquariums. C'était comme une ville fantôme dormant au fond des mers…

Yôko fut emmenée dans un des bâtiments qui fermaient la place, face à l'avenue. De l'extérieur, on aurait dit un hôtel chinois, mais à l'intérieur, des piliers de couleur rouge et des décorations criardes conféraient à l'endroit un aspect des plus kitch. Deux couloirs étroits et sombres partaient de part et d'autre du hall d'entrée. Comme le reste de la ville, ils étaient déserts.

Les hommes qui l'avaient escortée échangèrent quelques mots, puis la firent entrer dans une petite pièce dont ils refermèrent la porte sur elle, la laissant seule. En inspectant les lieux, Yôko comprit immédiatement qu'elle se trouvait dans la cellule d'une prison. Le sol était recouvert de carreaux identiques aux tuiles qu'elle avait vues sur les toits de la ville, à la différence qu'ici, les carreaux étaient fendillés de partout. Les murs de torchis étaient eux aussi fendus et maculés de suie. Tout en haut de l'un d'eux, elle aperçut une petite ouverture fermée par une grille. La porte possédait elle aussi un orifice grillagé, par lequel elle pouvait voir deux gardes en faction, debout devant sa cellule.

La pièce était sommairement meublée d'une chaise en bois, une petite table, et une autre sorte de paillasse en bois d'environ quatre-vingts centimètres sur un mètre cinquante. Sans doute un lit. Il était recouvert d'une toile grossière. La couverture, sans doute.

Les questions se bousculaient dans sa tête. Où avait-elle été emmenée ? Qu'allait-on faire d'elle ? Mais Yôko hésitait à interroger ses gardes, qui d'ailleurs n'avaient pas l'air disposés à lui fournir la moindre information. N'ayant rien de mieux à faire, elle s'assit sur le lit, les yeux baissés, et resta là sans mot dire.

Au bout d'un certain temps, Yôko entendit des bruits de pas. Deux hommes venaient relever la garde. Tous deux portaient une cuirasse bleue, un peu comme une armure de kendo. Sans doute des policiers ou des gendarmes… Yôko, inquiète, guettait la moindre agitation dans le couloir, mais les deux nouveaux venus se contentèrent de lui jeter un regard sévère à travers la grille sans lui adresser la parole.

Elle ne supportait plus cette attente solitaire. Elle voulut tenter de parler à ses gardiens. Même si cela risquait de lui attirer des ennuis, cela valait mieux que de rester sans rien faire. Mais elle ne sut quoi leur dire.

Un long moment s'écoula ainsi. Elle se sentait prête à crier si cela devait se prolonger davantage. Le soleil commençait à décliner. La prison était déjà plongée dans l'obscurité quand trois femmes entrèrent dans sa cellule. La première d'entre elles était une vieille aux cheveux blancs, vêtue comme ces personnages empreints d'autorité de la Chine ancienne que l'on voit au cinéma. Yôko éprouva un profond soulagement de voir la porte de sa cellule s'ouvrir enfin. Et elle fut rassurée également de constater que c'étaient des femmes et non des hommes qui entraient.

– Vous pouvez vous retirer, ordonna la vieille femme aux deux autres qui, après avoir déposé les objets qu'elles portaient, s'inclinèrent profondément et quittèrent la cellule.

Elles sortirent en silence sous le regard de la vieille femme qui tira ensuite la petite table près du lit et y posa une lampe à huile munie d'un abat-jour de verre et une bassine pleine d'eau.

– Commence déjà par te laver la figure...

Yôko la remercia d'un mouvement de la tête et se lava lentement le visage. Puis elle lava aussi ses pieds, et ses mains tachées de rouge noirci, auxquelles elle parvint à redonner leur teinte naturelle. Ses membres étaient tout engourdis. À plusieurs reprises, Jôyû avait forcé son corps à exécuter des mouvements auxquels il n'était pas habitué et elle en ressentait maintenant le contrecoup. Au contact de l'eau, ses plaies la faisaient souffrir également et elle dut se laver très lentement. Puis elle délia ses cheveux tressés dans son dos pour les peigner. C'est alors qu'elle remarqua un changement.

Que... qu'est-ce que ça veut dire ?

Elle regarda ses cheveux, incrédule. Ils étaient rouges, encore bien plus rouges qu'avant. Les pointes surtout, d'un rouge vif comme si elle se les était colorés. Et, une fois déliés et abandonnés à leur ondulation naturelle, ils prenaient des reflets d'une couleur véritablement incroyable. Ils n'étaient pas juste roux ou châtains, mais bel et bien rouges, rouge carmin, un rouge sombre comme du sang, comme des algues rouges, comme de la pourpre.

Yôko frémit. C'était la même couleur que celle des poils de cette bête en laquelle elle s'était métamorphosée dans un de ses rêves.

– Quelque chose ne va pas? demanda la vieille femme.

– La couleur de mes cheveux est bizarre, répondit Yôko.

– Je ne vois pas ce qu'ils ont de bizarre… C'est une couleur rare, sans doute, mais très belle, ajouta la vieille femme en ponctuant son affirmation d'un hochement de tête.

Yôko, médusée, s'empressa de chercher son petit miroir dans la poche de son uniforme. Elle voulait vérifier à quel point ses cheveux avaient changé. Mais elle eut une nouvelle surprise : le visage qui se reflétait dans le miroir n'était pas le sien. Pourquoi ?… Elle passa un doigt hésitant sur sa joue et simultanément, la fille dans le miroir fit de même. C'était donc elle ? C'était donc Yôko, cette fille dans le miroir ? Mais ce visage… Non seulement ses cheveux étaient devenus complètement rouges, mais sa peau elle-même était devenue plus bronzée, et ses yeux étaient maintenant d'un vert profond. Elle ne se posa même pas la question de savoir quel visage, du nouveau ou de l'ancien, était le plus joli.

Pourquoi ? Comment se fait-il que mon visage ait changé comme ça ?

– Mais… ce n'est pas moi ! s'écria Yôko, affolée.

La vieille femme fronça les sourcils.

– Pardon ?

– Ce visage, ce n'est pas le mien !

4.

La femme arracha le miroir des mains de Yôko qui s'affolait, puis le lui rendit après y avoir calmement jeté un coup d'œil.

– Ce miroir n'est pourtant ni gauchi ni tordu…

– Mais je n'ai pas cette tête-là !

Même sa voix lui semblait différente. C'était comme si elle était devenue quelqu'un d'autre. Pas un monstre ou une bête, bien sûr… mais tout de même, quelqu'un d'autre…

– Alors, c'est peut-être toi qui es tordue, dit la femme d'un air moqueur.

Yôko leva la tête vers elle, guettant une explication.

– Mais pourquoi ?…

Elle regarda de nouveau le miroir. L'autre Yôko était toujours là.

– Ma foi… je n'en sais rien, ça… répondit la femme en lui prenant la main et en appliquant sur son bras blessé une sorte de compresse.

Yôko, qui regardait toujours anxieusement le miroir, finit par retrouver dans son image certains traits de son ancien visage. Mais que cette ressemblance était lointaine ! Elle décida d'ignorer le miroir et le posa. Si elle ne voyait plus son reflet, son apparence lui deviendrait indifférente. Ignorer la couleur de ses cheveux lui serait sans doute plus difficile, mais elle n'aurait qu'à se persuader de les avoir colorés ! Le plus étrange, bien qu'elle n'ait jamais aimé son visage, c'était qu'elle ne pouvait supporter l'idée qu'il ait changé…

– … Il paraît que ça arrive, reprit la femme. Bah, quand tu seras un peu plus calme, tu finiras par t'y habituer…

Puis elle retira la bassine de la table et posa un bol de soupe à la place. Au fond de la soupe nageait une boulette de riz écrasé.

– Mange donc !… Et si tu en veux davantage, il y en a encore !

Yôko refusa en secouant la tête. Elle n'avait pas vraiment le cœur à manger.

– Tu n'as pas faim ?

– Non, merci.

– L'appétit te viendra peut-être en mangeant…

Mais Yôko refusa une nouvelle fois. La vieille femme retira le bol en soupirant et le remplaça par une tasse. Puis, saisissant une théière en terre cuite, elle y versa du thé.

– Tu viens de là-bas, n'est-ce pas ? demanda alors la femme en s'asseyant sur la chaise.

Yôko se tourna vers elle.

– De là-bas ?

– De l'autre côté de la mer… Tu as traversé Kyokai, n'est-ce pas ?

– Kyokai ? Qu'est-ce que c'est ?

– C'est le nom de la mer… Celle qui se trouve au pied de la falaise, la mer vide et noire…

Ah, ici, la mer s'appelle Kyokai…

Puis la femme posa une feuille de papier et une écritoire sur la table.

– Et comment t'appelles-tu ?

Yôko hésita un instant, puis prit le pinceau et écrivit son nom sur la feuille.

– Je m'appelle Nakajima Yôko.

– C'est un nom japonais, ça…

– Ici… on est en Chine ?

À cette question, la femme se pencha légèrement, prit elle aussi un pinceau et se mit à tracer des caractères chinois sur le papier.

– Ici, c'est le royaume de Kô. Le royaume intermédiaire de Kô, plus exactement. Et très précisément, nous sommes ici dans le bourg de Hairô, préfecture de Shin, district de Rokô, région de Fuyô, province de Jun. Et moi, je suis la doyenne de Hairô.

Tout en la regardant écrire, Yôko reconnut que les caractères qu'elle traçait différaient légèrement de ceux qu'elle connaissait, mais par d'infimes détails seulement, et que c'était sans conteste des caractères chinois.

– On écrit donc en caractères chinois dans ce pays ?

– Bien sûr. À propos, quel âge as-tu ?

– Seize ans… Alors, Kyokai, ça s'écrit comment ?

– Ça s'écrit la mer (*kai*) du Néant (*kyo*). Et quelle est ta profession ?

– Je suis étudiante.

La femme poussa un petit soupir.

– Tu parles notre langue… tu sais lire… Est-ce que tu as d'autres objets, mis à part ton étrange épée ?

Yôko fouilla ses poches. Un mouchoir, un peigne, un agenda et une montre en panne, c'est tout ce qu'elle possédait. Elle étala ces objets sur la table. La femme les prit et les glissa à l'intérieur de son kimono en hochant la tête et en soupirant d'un air triste.

– Que… que va-t-on faire de moi, maintenant ? demanda Yôko.

– Ma foi… je l'ignore. Ce sont les fonctionnaires de haut rang qui décideront.

– Des fonctionnaires ? Est-ce que j'ai commis une mauvaise action ?

Yôko trouvait en effet qu'on la traitait comme une criminelle. La femme eut un nouveau petit mouvement de tête.

– Eh bien… tu n'as rien fait de mal, mais je dois remettre tous les kaikyaku au préfet du département, c'est la loi, je n'y peux rien…

– Les kaikyaku ?

– Oui, « ceux qui viennent de la mer ». Ça s'écrit les visiteurs (*kyaku*) de la mer (*kaï*). On dit qu'ils viennent de l'autre côté de la mer. Il paraît qu'il y a là-bas, vers l'est, un pays appelé Japon. Personne n'y est jamais allé bien sûr, mais puisqu'il nous arrive parfois des kaikyaku, c'est que ça doit être vrai…

La vieille femme regarda Yôko un moment, avant de reprendre.

– Parfois, des habitants de ce pays échouent sur nos côtes après avoir été pris dans le tourbillon d'un shoku. Comme toi, en fait…

– Un shoku ? Qu'est-ce que c'est ?

– Ça s'écrit « manger » et « insecte ». Ça ressemble à une tempête, mais à la différence des tempêtes ordinaires, ils apparaissent et ils disparaissent tout d'un coup, sans aucun signe précurseur. Et c'est toujours après un shoku qu'on trouve des kaikyaku rejetés sur la côte…

C'est étrange… Je connais ce caractère. En principe, il signifie « éclipse ».

La femme avait l'air vaguement ennuyé en racontant cette histoire.

– La plupart des kaikyaku qu'on trouve sont déjà morts. Mais morts ou vivants, on doit tous les livrer aux autorités. Ce qui leur arrive ensuite, ce sont les fonctionnaires plus élevés qui en décident.

– C'est-à-dire ?

– Ma foi, moi, je n'en sais trop rien. La dernière fois qu'un kaikyaku a été trouvé vivant dans ce village, ça remonte à l'époque de ma grand-mère. Mais de toute façon, il est mort avant d'arriver à la préfecture. Tu vois, tu as de la chance d'être arrivée ici sans te noyer…

– Dites…

– Oui ?

– Où suis-je ?

– Je te l'ai dit, province de Jun… fit la femme en montrant les noms de localité et de province qu'elle avait écrits sur la feuille de papier.

– Non, je veux dire…

La femme ouvrit de grands yeux.

– Je veux dire… je n'ai jamais entendu parler d'une mer de Kyokai, ni d'un royaume de Kô ! Je n'ai jamais entendu parler de ce monde ! C'est complètement inconnu ! Où sommes-nous exactement ?

La femme poussa un nouveau soupir, franchement embarrassée.

– Indiquez-moi le moyen de rentrer chez moi ! reprit Yôko.

– Mais il n'y en a pas…

La réponse était claire et nette. Yôko ne pouvait croire ce qu'elle venait d'entendre et se tordit les mains.

– Il n'y en a pas ? Mais…

– Personne ne peut franchir la mer de Kyokai. Certes, des kaikyaku arrivent. Mais aucun n'est jamais reparti. Personne ne peut franchir la mer de Kyokai dans l'autre sens…

Il fallut quelque temps à Yôko pour comprendre le sens de ces paroles.

– Je ne pourrai jamais rentrer chez moi ? Mais c'est impossible…

– C'est pourtant la vérité.

Yôko laissa tomber une larme.

– Mais j'ai mes parents au Japon ! Et puis je dois aller au lycée ! Je ne suis pas rentrée chez moi hier soir et j'ai manqué le lycée sans prévenir aujourd'hui, tout le monde doit me chercher !…

La femme détourna le regard et se leva pour ranger les affaires qu'elle avait apportées.

– Oublie tout ça, ça vaudra mieux…

– Mais enfin, ce n'est pas moi qui ai choisi de venir ici !

– Oui, tous les kaikyaku disent la même chose…

– Toutes mes affaires sont là-bas ! Je n'ai rien apporté avec moi, et vous me dites que je ne peux pas rentrer ! ? Mais je…

Elle ne put terminer sa phrase. La vieille femme l'abandonna à ses pleurs et quitta la pièce en emportant ses affaires, sans oublier la lampe. La porte fut refermée à clé derrière elle. La cellule était maintenant entièrement plongée dans le noir. Yôko était de nouveau seule.

Je veux rentrer à la maison…

Elle avait du mal à rester debout et préféra se coucher. Puis, quand elle eut épuisé toutes les larmes de son corps, elle s'endormit, d'un sommeil sans rêve.

5.

– Debout !

Le lendemain, Yôko fut brutalement réveillée par ses gardes. Les paupières lourdes d'avoir trop pleuré la veille, elle fut éblouie par les rayons du soleil. La faim et la fatigue se faisaient fortement sentir, mais elle n'avait toujours pas d'appétit. Les deux hommes la ligotèrent, sans serrer trop fort. Puis ils la poussèrent hors de sa cellule. Devant le bâtiment, une charrette à deux chevaux l'attendait.

Une fois montée dedans, Yôko regarda autour d'elle. La place et les rues étaient noires de monde. D'où étaient-ils donc sortis ? Tous avaient un visage asiatique familier, mais leurs cheveux bariolés donnaient à l'ensemble l'allure étrange d'une foule bigarrée. Et on pouvait lire dans leurs yeux l'expression d'une curiosité hostile, qui lui faisait sentir qu'elle était considérée comme une criminelle.

Jusqu'à son réveil, elle avait ardemment espéré que tous ces événements ne soient finalement qu'un rêve. Malheureusement, on l'avait réveillée rudement, la ramenant brutalement à la réalité : ce n'était pas un rêve. On ne lui avait pas laissé le temps de mettre un peu d'ordre dans ses vêtements ni dans sa coiffure, encore moins de se débarbouiller le visage. Son uniforme de lycéenne sentait l'eau de mer croupie.

Un homme, habillé comme un simple habitant de la ville, s'installa à côté d'elle dans la charrette, puis le cocher assis à l'avant donna un coup sur ses rênes.

> *Ah… je voudrais prendre un bain… Je plongerais dans la baignoire d'eau bien chaude, je me laverais avec un savon parfumé, je mettrais du linge propre, je passerais mon pyjama et j'irais dormir dans mon lit. Et le lendemain matin, je prendrais mon petit déjeuner préparé par Maman, puis j'irais au lycée. Je dirais bonjour à mes copines et on bavarderait de choses sans importance. Ah, zut, je n'ai pas encore fini les exos de chimie !… Et puis il faut que je rende les livres à la bibli… Hier, c'était le jour de la série que je regarde tout le temps, je l'ai manquée… J'espère que Maman n'a pas oublié de l'enregistrer…*

Plus elle pensait, et plus ses pensées la rendaient triste. Les larmes lui montèrent aux yeux. Elle baissa la tête. Elle aurait aimé cacher son visage dans ses mains, si elles n'avaient pas été liées dans son dos. « Oublie tout ça, ça vaudra mieux », avait dit la vieille femme la veille au soir... Keiki ne lui avait pas dit qu'elle ne pourrait plus rentrer chez elle... Et elle ne comprenait pas pourquoi elle continuait à être traitée comme si elle avait fait quelque chose de mal...

... Et d'abord, pourquoi faut-il que je porte encore aujourd'hui le même uniforme sale ? Et pourquoi faut-il que je sorte sans même m'être débarbouillée ni coiffée ? Et puis d'abord, pourquoi faut-il que je me retrouve plongée dans cet univers bizarre, assise dans une vieille charrette ! ? Sans doute, je ne suis pas une sainte, mais tout de même, je ne suis pas mauvaise au point de mériter ça !...

La petite ville s'éloignait derrière eux et Yôko s'essuya les yeux à son épaule. À côté d'elle, le fonctionnaire qui l'escortait, un homme d'une trentaine d'années qui portait une sacoche, regardait tranquillement le paysage.

– Euh... excusez-moi, où allons-nous ? lui demanda-t-elle timidement.

– Oh, mais tu parles ! ? répondit-il, étonné.

– Oui, mais où m'emmenez-vous ?

– Ben, à la préfecture, bien sûr. Chez le préfet...

– Et après, qu'est-ce qui va se passer? On va me faire un procès?

Elle n'arrivait pas à s'ôter de l'idée que les gens de cette ville la considéraient comme une criminelle.

– On va t'enfermer, jusqu'à ce qu'on sache si tu es une bonne ou une mauvaise kaikyaku... répondit-il d'un air vaguement indifférent.

– Une bonne ou une mauvaise kaikyaku?

– Eh oui... Si tu es une bonne kaikyaku, tu seras placée sous la protection d'un personnage important qui deviendra ton tuteur et tu pourras vivre quelque part dans le pays. Mais si tu es une mauvaise kaikyaku, ce sera soit la prison à perpétuité, soit la peine de mort...

Yôko sursauta. Une sueur froide lui coula dans le dos.

– La peine de mort!?

– Les mauvais kaikyaku apportent le malheur. Si ta venue est un signe néfaste, on te coupera la tête.

– Moi, un signe néfaste?

– Ça arrive, oui... Les kaikyaku apportent parfois la guerre ou des catastrophes. Alors, il faut les tuer le plus tôt possible pour éviter le chaos dans le royaume.

– Et comment peut-on le savoir?

L'homme eut un sourire en coin.

– Oh, ce n'est pas compliqué, et ça prend à peine quelques jours... Si quelque chose de mauvais se produit après ton arrivée, ben voilà, c'est que c'est toi qui l'as apporté…

Puis il ajouta, avec un regard antipathique :

– Déjà, pour moi c'est entendu, tu portes malheur…

– Co… comment ça ?

– Tu sais combien de rizières ont été noyées sous la boue par le shoku qui t'a amenée ? À cause de toi, la récolte de riz à Hairô est quasiment perdue !

Yôko ferma les yeux. Voilà, elle comprenait maintenant pourquoi elle était traitée comme une criminelle : pour les gens de Hairô, son existence même était déjà un signe de mauvais augure.

Yôko eut soudain très peur. Peur de mourir. De mourir assassinée, ici surtout. Si elle mourait dans ce monde étrange, personne ne la regretterait, et même son corps ne pourrait pas être rapatrié dans son monde.

Mais pourquoi ? Que s'était-il passé ?

Avant-hier, je suis sortie de chez moi en disant simplement « À ce soir ! » à Maman… La journée avait commencé comme d'habitude, et elle aurait dû finir comme d'habitude…

À quel moment le train-train de la vie quotidienne avait-il déraillé ?

Je n'aurais pas dû demander mon chemin aux habitants du village, peut-être. J'aurais mieux fait de rester du côté de la falaise… Non, le problème, c'est que j'ai perdu Kaiko la femme-oiseau et Hyôki la panthère géante de Keiki pendant la bataille… Non… en fait, je n'aurais même pas dû les suivre…

Mais avait-elle vraiment eu le choix ? Keiki l'avait bien dit : il l'aurait emmenée de force si elle avait résisté. Certes, elle s'était battue contre les monstres, mais ça n'avait pas été de gaieté de cœur, c'était simplement de la légitime défense ! Cela méritait-il de subir tous ces malheurs ?

Yôko se sentait prise au piège. S'était-il passé quelque chose de particulier ce matin-là, qui lui avait pourtant paru si semblable aux centaines d'autres qui l'avaient précédé ? Ou bien le piège était-il enclenché depuis plus longtemps déjà et n'avait-elle fait que s'y enfoncer un peu plus chaque jour ? Quoi qu'il en soit, il s'était maintenant refermé sur elle et elle était bel et bien coincée.

… Je dois absolument m'échapper…

Elle sentit son corps impatient d'agir. Mais elle se retint. Il n'était pas question de manquer son coup. Si sa tentative d'évasion échouait, qui sait le châtiment qui lui serait réservé ? Attendre l'occasion favorable… Déjà, ses pensées tournaient et tournaient dans sa tête, jamais elle n'avait réfléchi aussi rapidement.

– Combien de temps faut-il pour arriver à la préfecture ?

– Hum… en charrette, une demi-journée environ.

Yôko regarda le ciel. Il était d'un bleu très clair, comme lavé après une tempête, et le soleil se trouvait déjà à son zénith. Oui, c'est ça… il lui fallait tenter sa chance avant la fin du jour. Elle ne savait pas à quoi ressemblait la préfecture, mais à n'en pas douter, il serait plus difficile de s'évader en ville que sur la route…

– Et… qu'avez-vous fait de mes affaires ?

L'homme la regarda dans les yeux.

– Tout bagage ou objet personnel d'un kaikyaku doit être remis au préfet…

– Même mon épée ?

Il se fit soupçonneux.

– Je t'en pose des questions, moi ?

Yôko se tordit les mains derrière son dos.

– C'est que… c'est un objet précieux… L'homme qui m'a attrapée avait l'air de beaucoup s'y intéresser. Je me demande s'il ne l'a pas volée…

Il ricana.

– Peuh ! T'inquiète, elle sera livrée au préfet comme le reste !

– Vous êtes sûr ? Même si ce n'est qu'un objet décoratif, elle vaut quand même beaucoup d'argent…

L'homme écarquilla les yeux, puis plongea la main dans sa sacoche et en sortit l'épée. Les pierres précieuses brillèrent à la lumière.

– Ça, un objet décoratif?

– Oui, elle n'a pas de lame…

Yôko fut soulagée. Son épée se trouvait donc à portée de main. L'homme la saisit par la poignée. Elle pria pour que tout se passe bien. La veille, le paysan qui s'en était emparé n'avait pas réussi à la tirer de son fourreau… et Keiki avait dit qu'elle seule pouvait l'utiliser… Cela voulait-il dire qu'elle seule était capable de l'extraire de son fourreau ? Pourvu que oui…

Il tira sur la poignée. Sans résultat.

– Ah ouais… c'est juste un bibelot, quoi…

– Rendez-la-moi !

Il eut un petit rire.

– Je t'ai dit que je dois la livrer au préfet, c'est la loi ! D'ailleurs, à quoi te servira-t-elle une fois que tu seras décapitée, hein ? Hé hé hé…

Yôko se mordit les lèvres. Si elle n'avait pas les mains attachées, elle pourrait s'emparer de l'épée… Jôyû lui viendrait alors sans doute en aide. Mais, même en forçant sur la corde, elle ne parvenait pas à la rompre… Elle avait beau être possédée par Jôyû, ses forces n'en étaient pas décuplées pour autant…

Elle regardait autour d'elle, cherchant un moyen de se défaire de ses liens, quand son œil fut soudain attiré par un reflet doré qui scintillait au bord de la route. Quelques instants plus tard, alors que la charrette s'engageait sur une côte, elle revit très distinctement le même reflet lumineux parmi les arbres. Elle reconnaissait cette couleur. Ouvrant grand les yeux, elle sentit sous sa peau le frémissement de Jôyû…

Quelqu'un était caché dans les fourrés du bord du chemin. Un homme aux longs cheveux blonds, au visage pâle, vêtu d'un manteau à longs pans.

… *Keiki* ?…

En écho à sa voix intérieure, une autre voix résonna très distinctement dans sa tête.

« *Taiho* !… »

6.

– Arrêtez ! cria-t-elle en se penchant soudain par-dessus les ridelles de la charrette. Keiki ! Au secours !

– Tu vas rester tranquille, oui ! fit l'homme à côté d'elle.

– Non ! Arrêtez la charrette ! répondit-elle en se tournant vers lui. Mes amis sont là !

– Peuh ! Tu n'as aucun ami ici, ne me raconte pas d'histoires…

– Si ! Il est là, je le sais, c'est Keiki ! Je vous en prie, arrêtez la charrette !

Les chevaux ralentirent leur pas. Le reflet doré s'était déjà éloigné mais elle devinait encore sa silhouette. Il n'était pas seul. À ses côtés se trouvait un autre personnage, la tête couverte d'une grande capuche, sombre comme la Mort. Plusieurs animaux l'accompagnaient.

– Keiki ! cria encore une fois Yôko en se penchant au-dehors.

L'homme la tira par le bras pour la forcer à se rasseoir et elle tomba sur les fesses. Quand elle regarda de nouveau sur le bord de la route, il n'y avait plus personne.

– Keiki ! ?

– Ça suffit, maintenant ! cria l'homme en la secouant violemment. Tu peux toujours essayer de nous tromper en hurlant, mais ça ne marchera pas !

– Il était là, j'en suis sûre !

– Silence !

Yôko obtempéra et se recroquevilla. Mais elle ne pouvait se résigner à abandonner tout espoir et continuait à scruter les bords du chemin dans toutes les directions, en vain.

... Mais pourquoi ?...

En même temps qu'elle avait cru reconnaître Keiki, elle avait distinctement entendu une voix dans sa tête. Ce ne pouvait être que Jôyû... C'était donc bien Keiki qu'elle avait vu à moitié caché par les arbres. Elle avait aperçu des bêtes également. Les assistants de Keiki étaient donc en vie, eux aussi...

... Mais alors, pourquoi n'est-il pas venu
à mon secours ?...

Tandis que des pensées confuses et contradictoires s'entrechoquaient dans sa tête, elle continuait à balayer du regard les alentours, cherchant désespérément le reflet doré.

Soudain, elle entendit des voix étranges dans les fourrés. L'homme à côté d'elle les avait perçues également, car il tourna la tête dans la même direction, les sens aux aguets. Cela ressemblait aux cris hoquetants d'un bébé. Oui, il y avait bel et bien un bébé qui pleurait dans les fourrés…

– Hé, dis donc… dit l'homme au cocher, en montrant du doigt l'endroit d'où venaient les cris.

Le cocher, jusque-là silencieux, avait au contraire fouetté ses chevaux pour les faire accélérer dès qu'il avait entendu les cris.

– Hé… Il y a un bébé qui pleure, là-bas… insista le fonctionnaire.

– Laisse tomber. Un bébé qui crie sur un chemin de montagne, il vaut mieux pas s'en approcher…

– Mais enfin…

Les cris redoublèrent d'intensité. Des cris violents, plaintifs et déchirants, qui ne pouvaient laisser personne indifférent.

– Ne fais pas attention, reprit le cocher, on dit qu'il y a des yôma mangeurs d'hommes dans ces montagnes. Ils attirent les gens en imitant les cris d'un bébé…

Le mot « yôma » fit sursauter Yôko.

L'autre homme n'avait pas l'air convaincu et regardait tour à tour les bois et le cocher d'un air mécontent.

Ce dernier fouettait ses bêtes pour qu'elles pressent le pas et s'éloignent le plus rapidement possible de cette zone. Mais la côte était abrupte et rendue encore plus lugubre par l'ombre des grands arbres de la forêt.

Yôko n'était plus très sûre du tout d'avoir aperçu Keiki. Elle avait senti Jôyû frémir sous sa peau, mais c'était peut-être une illusion... Les cris persistaient, s'amplifiaient même. Oui, maintenant, on aurait dit qu'il y avait plusieurs bébés, de plus en plus nombreux, et de plus en plus proches. D'autres cris se firent entendre de l'autre côté de la charrette... Très vite, ils finirent par emplir le bois tout entier et les encercler de toutes parts...

– Aaaah... gémit l'homme, vert de peur, tournant la tête de tous côtés.

Les cris se rapprochaient encore. Le cocher avait sans doute raison : si vraiment c'étaient des bébés qui criaient, ils s'en seraient éloignés depuis longtemps... Yôko sentit quelque chose refluer en elle. Son cœur battait plus vite, mais ce n'était pas Jôyû, c'était comme un roulement de vagues qui venait emplir son corps et qui lui disait d'en profiter pour agir, pour tenter quelque chose...

– Détachez-moi ! ordonna-t-elle à celui qui l'escortait.

Celui-ci la regarda sans rien dire, les yeux écarquillés.

– … Vous avez des armes, ou un moyen de vous défendre en cas d'attaque ? demanda Yôko.

Le pauvre homme secoua la tête, complètement paniqué.

– … Alors détachez-moi et donnez-moi mon épée !

Le cercle des cris se resserrait progressivement. Les chevaux allaient maintenant au galop, et la charrette filait et bondissait au risque de verser sur le côté.

– Dépêchez-vous !

Yôko avait parlé d'une voix si autoritaire que le pauvre homme, affolé, était sur le point de lui obéir. Mais au même instant, un choc violent souleva la charrette. Yôko fut projetée au sol. Elle se remit rapidement debout malgré ses mains liées dans le dos, haletante et légèrement étourdie. En revanche, les chevaux restaient couchés, empêtrés par les brancards de la charrette qui s'était retournée sur eux.

L'homme qui l'escortait avait lui aussi été jeté au sol. Il s'assit par terre en dodelinant de la tête, sa sacoche toujours serrée dans ses bras. Les cris semblaient venir de tout près.

– Je vous en prie, vite, détachez-moi !

Elle entendit un hennissement atroce. Se retournant, elle vit un gros chien noir en train de dévorer l'un des chevaux, son museau rouge barbouillé du sang de la bête qu'il venait d'éventrer. Les deux hommes se mirent à hurler d'effroi.

– Coupez-moi cette corde et donnez-moi l'épée, je vous dis !

Mais tous deux étaient maintenant trop affolés pour l'entendre. Celui qui l'escortait se redressa, pris de panique, et se mit à dévaler la pente, serrant toujours la sacoche dans ses bras. Immédiatement, deux autres molosses sortirent des fourrés et lui firent face.

Les monstres bondirent. Quand ils reprirent pied, ils se trouvaient derrière lui. L'homme restait planté sur le chemin, debout, immobile. Il lui manquait la tête et un bras, qui se trouvaient dans la gueule des chiens. Une seconde plus tard, son corps s'affaissa, projetant en l'air une gerbe de sang. Derrière Yôko, le second cheval hennit à son tour.

Yôko recula vers la charrette. Elle sentit qu'on lui touchait l'épaule. De peur, elle se retourna. C'était le cocher. Il tenait un couteau. Il lui prit les mains attachées dans le dos et coupa la corde.

– Sauve-toi, lui dit-il. Tu peux les contourner pendant qu'ils sont occupés à dévorer ce pauvre homme…

Quand il eut libéré Yôko, il lui donna une tape dans le dos pour lui donner le courage de descendre la pente en direction des chiens. Ceux-ci avaient abandonné la tête qui restait posée sur le chemin, droite sur son cou, comme contemplant le festin que les bêtes étaient en train de faire de son propre corps.

Alors que Yôko restait paralysée d'effroi, son corps, lui, se préparait au combat, et ses mains avaient déjà commencé à ramasser des cailloux.

... Non mais attends... qu'est-ce que tu comptes faire avec ces cailloux, là ?...

Elle se redressa et se mit à courir, se rapprochant du groupe des chiens qui dévoraient le pauvre homme avec des bruits atroces et répugnants d'os broyés et de chairs déchirées. On n'entendait plus les pleurs de bébés. Entre les masses de poils, une jambe humaine était agitée de soubresauts immondes. Yôko compta les toisons qu'elle pouvait distinguer : une, deux, trois, quatre... cinq... six... Elle était maintenant toute proche d'eux. L'un des chiens releva la tête, la truffe rougie de sang. Comme un signal, les cinq autres pointèrent également leurs crocs vers Yôko.

... Et qu'est-ce qu'on fait maintenant, hein ?

Yôko, ou plus exactement son corps, courait toujours à petites foulées. Sa main lança une pierre contre le premier chien qui se jetait sur elle. Le coup porta et la pierre atteignit le chien sur la truffe. Mais ce n'était évidemment pas un coup mortel, et la bête ne fut stoppée qu'un instant.

... À quoi ça sert, ça ?...

Le groupe des chiens changea de position, laissant au milieu de la route un amas de chairs dans lequel il était difficile de distinguer un corps humain.

... Et voilà, je vais mourir comme lui...
Je serai dépecée et déchirée par leurs crocs...
je serai mise en pièces et toutes les parties
de mon corps seront dévorées...

Le désespoir avait envahi son esprit mais son corps continuait de courir en petites foulées souples. Cette fois, elle ne désirait pas entraver l'action de Jôyû et se concentrait pour garder les yeux grands ouverts, aussi horrible que fût le spectacle qu'elle avait devant elle. Elle souhaitait simplement que la douleur soit brève et que la mort vienne vite.

Elle sentit instinctivement que le danger se trouvait juste derrière elle. Elle se retourna, mais vit d'abord un homme qui courait dans la direction opposée, un couteau à la main. C'était le cocher. Il pénétra dans le bois au milieu des herbes. Mais sa course fut stoppée net et quelque chose le tira à terre. Il disparut dans les hautes herbes qui s'agitèrent un moment. Yôko se demanda pourquoi il avait couru dans cette direction, mais la réponse lui vint immédiatement :

... Il s'est servi de moi comme appât, il comptait s'échapper dans l'autre direction pendant que les chiens s'occuperaient de moi... Mais il a raté son coup et il a eu la même fin que l'autre homme, la même que je vais connaître moi-même dans un instant...

Elle savait que déjà, elle avait épuisé tous ses cailloux. Elle se trouvait maintenant à trois pas du cadavre mutilé du premier homme. Du tranchant de la main, elle frappa un coup sec sur le museau d'un chien qui se jetait sur elle. Puis elle sentit sa cheville prise dans quelque chose et une douleur atroce se communiqua dans sa jambe. Elle allait perdre l'équilibre, quand un énorme choc dans son dos la fit violemment basculer vers le sol. Elle plaça instinctivement ses mains en avant pour amortir la chute… et piqua la tête la première dans les restes sanguinolents du cadavre humain.

… Nooon, c'est dégueulasse !…

Étrangement, Yôko n'avait pas crié. Juste une vague sensation de dégoût. L'excès d'horreur avait-il déjà saturé sa sensibilité ? Elle se releva immédiatement et se mit en garde, faisant front aux bêtes féroces, prête à vendre chèrement sa peau, à mains nues s'il le fallait.

… Parce que tu crois que faire les gros yeux,
ça va les impressionner, peut-être ?…

Eh bien, oui, contrairement à ce qu'elle croyait, cela eut l'air de les impressionner. Les bêtes baissèrent la tête et s'immobilisèrent, la fixant d'un œil torve, les babines retroussées. Cela ne durerait pas indéfiniment bien sûr, mais elle venait de créer un intervalle de temps qu'elle pouvait mettre à profit.

De sa main droite, elle fouilla sous le cadavre. L'homme était mort sur le coup. Il ne lui restait guère de temps. À l'instant exact où les bêtes bondiraient, le sort du combat serait joué, irrémédiablement…

Ses doigts rencontrèrent quelque chose de dur. La poignée de l'épée !… Elle la saisit d'un mouvement si naturel qu'elle se demanda si ce n'était pas plutôt l'épée qui avait trouvé sa main…

… *Ah… Aaah…*

Yôko était sauvée ! Elle voulut tirer l'épée et son fourreau, mais, pour une raison quelconque, le fourreau resta bloqué alors que la lame n'était encore tirée qu'à mi-longueur… La femme-oiseau lui avait bien dit que l'épée et son fourreau faisaient un tout, mais, là, il y avait urgence… Elle hésita, alors que ce n'était vraiment pas le moment de tergiverser. Elle tira d'un coup sec. Puis elle sectionna la cordelette qui liait la perle au fourreau en la passant sur le fil de la lame, et la serra dans l'autre main. Les chiens bondirent.

Sa main droite les devança. Elle n'eut même pas besoin de les fixer dans son champ de vision. La lame décrivit une courbe dans l'air.

– Aaah… aaah !!

Cette fois, elle cria vraiment. Un cri dont elle-même ignorait le sens, un cri qui était simplement sorti de sa gorge, mais qui n'était pas la peur, pas le dégoût…

Les premiers chiens s'effondrèrent, décapités. Cela créa une brèche au sein du groupe des molosses, dans laquelle Yôko se précipita. Plusieurs autres bêtes se lancèrent à sa poursuite. Elle les décapita une à une, sans cesser de fuir.

7.

Yôko était entrée dans le bois situé en contrebas. Elle avait couru jusqu'à l'épuisement. À bout de souffle, elle s'était laissée choir comme une masse au pied d'un arbre. En essuyant sa sueur sur sa manche, elle remarqua que son uniforme de lycéenne était lourd et gorgé de sang. Avec une grimace de dégoût, elle enleva le haut, puis essuya la lame de son épée. En histoire, elle avait appris que les épées, contrairement à ce que l'on voyait dans les films, étaient en réalité incapables de couper d'une coupe nette plus de trois ou quatre hommes d'affilée, car le fil de la lame s'émoussait rapidement et devenait visqueux. Mais l'épée de Yôko n'avait pas l'air émoussée du tout et, une fois essuyée, redevenait parfaitement sèche et tranchante.

C'est étrange…

Cette épée semblait décidément très mystérieuse : seule Yôko pouvait l'extraire de son fourreau et, une fois dans sa main, elle devenait étonnamment légère… Yôko enveloppa la lame dans son haut d'uniforme et la prit dans ses bras en soufflant.

J'ai laissé le fourreau… Est-ce que je dois retourner là-bas le chercher ? Il ne faut jamais séparer l'épée de son fourreau, m'a dit la femme-oiseau. Cela veut sans doute dire que le fourreau aussi est important. À moins qu'il ne s'agisse que de la perle qui y était attachée ?

Quand elle eut retrouvé son souffle, Yôko eut un peu froid. Elle était maintenant en débardeur, mais elle ne se sentait pas le courage de repasser la tête dans le chemisier de son uniforme imbibé de sang. Le froid avait réveillé ses douleurs. Ses bras et ses jambes étaient couverts de blessures. Son débardeur, déchiré en divers endroits par les crocs des chiens, était maculé de sang. Sa jupe également, et plusieurs coupures sanguinolentes zébraient ses jambes. Et pourtant, en y réfléchissant bien, comment se faisait-il que ses blessures fussent aussi superficielles alors que ces chiens avaient éventré un cheval et décapité un homme d'un seul coup de dents ? Déjà, quand les vitres de la salle des profs avaient volé en éclats, tous les adultes présents avaient été touchés par les projections de verre, sauf elle et Keiki. Et quand elle était tombée du ciel du dos de la panthère géante, il était pour le moins étrange qu'elle soit restée en vie. Tout cela était bien bizarre, mais en songeant que son visage même avait changé, elle se dit qu'il était inutile de se poser trop de questions.

Yôko laissa échapper un soupir et remarqua que sa main gauche était restée fermée. Elle écarta ses doigts : au creux de sa paume reposait la perle bleue. Elle les replia et sentit une étrange sensation irradier dans tout son corps. Ses douleurs se dissipaient peu à peu, laissant place à une douce somnolence à laquelle elle s'abandonna.

Quand elle rouvrit les yeux, ses blessures étaient entièrement guéries et ses douleurs avaient disparu.

C'est vraiment très étrange…

Sa fatigue elle-même s'était atténuée. Effectivement cette perle était un objet extrêmement précieux et il ne fallait la perdre à aucun prix. Si on lui avait dit que le fourreau aussi était précieux, c'était sans doute pour cette perle qui y était attachée…

Elle retira le foulard qui ornait le col marin de son uniforme. Elle en fit une fine lanière en le déchirant à l'aide de l'épée, puis le tortilla très serré et le fit passer par l'orifice de la perle. Le foulard avait juste la longueur nécessaire pour en faire un collier. Elle le mit à son cou et regarda autour d'elle.

Elle se trouvait dans la forêt, à proximité du chemin de montagne que la charrette avait emprunté.

Le jour avait déjà commencé à décliner et l'ombre sous les arbres s'étirait peu à peu, comme une nappe de brume. Yôko avait perdu toute notion de l'orientation. Que devait-elle faire ?

– Jôyû… ? appela-t-elle en essayant de sentir en elle sa présence. Jôyû ? Dites quelque chose, quoi !…

Mais il n'y eut aucune réponse.

– … Que dois-je faire maintenant ? Quelle direction dois-je prendre ?

Jôyû devait être présent en elle, elle n'en doutait pas, mais elle n'en percevait aucun signe et il demeurait muet. Le bruissement des feuilles alentour renforçait d'autant le silence des lieux. Elle se mit à parler toute seule, dans le vide.

– Je ne sais même pas où je suis ! Je ne comprends rien du tout à ce qui se passe ! Et il faut quand même que je me débrouille dans ce monde ? Mais si je demande de l'aide, à tous les coups on va encore m'arrêter, et ce sera la peine de mort ! Bravo, c'est gai ! Et si je me cache, qu'est-ce que j'y gagnerai ? Y a-t-il une porte quelque part que je n'aurais qu'à pousser pour rentrer chez moi ? J'ai pas l'impression, en tout cas !…

Il fallait faire quelque chose, mais quoi ? Agir, mais comment ? Ce n'était certainement pas en restant assise là dans la forêt qu'elle aurait une chance de s'en sortir. Mais où aller ? Elle ne savait même pas dans quelle direction marcher…

La nuit tomba rapidement et le bois fut plongé dans l'obscurité. Mais elle ne savait pas allumer un feu et n'avait aucune idée de l'endroit où elle pourrait passer la nuit. Elle n'avait rien à boire ni à manger mais elle avait trop peur des lieux habités pour s'en approcher. Malheureusement, les lieux déserts comme cette forêt lui faisaient tout aussi peur…

– Mais je suis là pour quoi, finalement ? Je suis censée faire quoi, ici ? Jôyû, vous pouvez au moins me dire ce que je dois faire ?…

Il n'y eut pas la moindre réponse.

– Qu'est-ce qui se passe, quoi ! Dites-moi quelque chose ! Keiki et ses assistants… ils sont où ? Tout à l'heure, c'était bien lui, n'est-ce pas ? Vous l'avez bien vu aussi, non ? Pourquoi a-t-il disparu ? Pourquoi ne vient-il pas me chercher ?

Seul le bruissement des feuilles lui répondit.

– Dites-moi quelque chose, quoi… Je vous en prie…

Une larme coula sur sa joue.

– Je veux rentrer chez moi…

Elle n'aimait pourtant pas le monde dont elle venait. Mais maintenant qu'elle en était exclue, elle se sentait submergée par une irrépressible nostalgie. Elle était prête à tout pour pouvoir rentrer, et une fois rentrée, elle jurait de ne plus jamais repartir de son monde à elle.

– Je veux rentrer à la maison…

Elle pleura un moment comme une enfant, puis se mit à réfléchir. En définitive, elle s'en était sortie. La charrette n'était pas arrivée à la préfecture, et elle n'avait pas été dévorée par les bêtes. Si elle pouvait rester assise par terre à sangloter les bras autour des genoux, c'était quand même bien parce qu'elle avait réussi à s'évader. Mais était-ce mieux pour autant ?

Je voulais que la douleur finisse vite…

Yôko secoua la tête pour évacuer l'idée qui venait de germer dans son esprit. Cette idée lui faisait trop peur. Et pourtant, en cet instant précis, dans la situation qui était la sienne, c'était la seule idée vraiment facile à comprendre et à accepter. Elle resserra un peu plus les bras autour des genoux. Tout à coup, elle entendit une voix. Une voix étrange, aigrelette, comme celle d'une femme âgée. Le plus étrange, c'était que cette voix disait précisément ce que Yôko essayait de ne pas penser.

– Tu voulais que la douleur finisse vite pourtant, hein… Mais, si tu veux arrêter de souffrir, c'est pas compliqué, et ça ne prend pas longtemps.

Yôko regarda autour d'elle. Sa main droite avait déjà trouvé la poignée de l'épée et la serrait. La nuit était complète. Elle pouvait à peine distinguer les troncs des arbres ou la pointe des herbes. Mais dans cette obscurité, luisait une lumière pâle. Là, à deux mètres à peine, entre les herbes, quelque chose semblait émettre une lueur blafarde. Yôko retint sa respiration. C'était un singe. Sa fourrure brillait d'un éclat phosphorescent semblable à un feu follet. Il n'était qu'une tête flottant au-dessus des herbes, et il regardait Yôko avec un étrange sourire, comme s'il ricanait, en montrant ses gencives.

Puis il éclata d'un rire strident, pareil à celui d'un enfant.

– … Tu n'avais qu'à te laisser bouffer, alors… Ça aurait été très rapide !…

Yôko tira son épée enroulée dans son uniforme.

– Qui… qui es-tu ? demanda-t-elle.

Le singe repartit d'un grand rire.

– Qui je suis ? Ben, moi je suis moi ! Et toi, tu es une imbécile ! Tu n'es pas d'accord ? Qu'est-ce qui t'a pris de fuir ?… Si tu t'étais sagement laissé dévorer, la douleur aurait été de très courte durée ! C'est pas ça que tu voulais ?

Yôko se mit en garde, prête à se battre.

– Qui es-tu ?

– Je suis moi, je viens de te le dire ! Bah, t'inquiète, je suis de ton côté… Je vais juste te dire un truc.

– Un truc ?

Pouvait-elle faire confiance à cette tête de singe ? Jôyû n'avait pas l'air de se réveiller, ce n'était donc pas un ennemi, en principe, mais il avait quand même l'air louche, pas clair du tout.

– Ouais… Je vais te dire un bon truc : jamais tu ne rentreras chez toi.

Il ne s'embarrasse pas de précautions pour dire les choses, ça c'est sûr… pensa Yôko en lui lançant un regard fâché.

– Si c'est pour me dire des choses aussi ennuyeuses, tais-toi !

– Tu ne rentreras jamais chez toi… C'est absolument impossible. Im-pos-si-ble ! Hors de question ! On ne peut pas revenir en arrière… Tu veux que je te dise un autre truc ?

– Non, merci !

– Ben je vais te le dire quand même : on t'a trompée…

Il éclata à nouveau de rire. Ce rire faisait à Yôko l'effet d'une douche froide.

– On… on m'a trompée ?

– Eh ouais ! Qu'est-ce que t'es bête ! Depuis le début, tu es tombée dans le piège !

Yôko était abasourdie.

Un piège ? Quel piège ? Qui ça ? Keiki ?
Keiki m'a attirée dans un piège ?

Sa main serrait la poignée de l'épée de toutes ses forces mais elle n'avait aucune preuve que le singe ne disait pas la vérité.

– D'ailleurs, tu sens que j'ai raison, pas vrai ? Tu as été emmenée de force ici, et maintenant tu ne peux plus en sortir. Ça s'appelle bien un piège, ça, non ?

Le rire aigu du singe lui perçait les oreilles.

– Tais-toi !

Sans réfléchir, Yôko donna un grand coup du tranchant de son épée. Il y eut un froissement d'herbes sèches et quelques pointes de feuilles dansèrent un moment dans l'air. Mais le coup n'avait pas atteint le singe.

– Bah, tu peux toujours te boucher les oreilles sur ce que tu n'as pas envie d'entendre, mais un fait reste un fait. Et comme tu as préféré agiter ton petit joujou contre les chiens, finalement tu as raté l'occasion d'en finir définitivement et rapidement…

– Tais-toi, je te dis !

– Mais bon… puisque tu as un si joli petit jouet, pourquoi tu ne t'en servirais pas plus utilement, au lieu de te contenter de tuer quelques chiens sauvages ? Tiens, essaie donc de te décapiter toi-même, pour voir !

Il était secoué de rire, la gueule ouverte vers le ciel. Cette fois, Yôko essaya un coup d'estoc, la pointe en avant.

– Ça suffit !

Mais quand son bras fut tendu au maximum, le singe avait disparu. La tête réapparut un peu plus loin parmi les herbes.

– Tu es sûre que tu veux me supprimer ? Tu ne vas pas le regretter après ? Parce que, quand même, tu n'as pas l'air d'avoir beaucoup de monde à qui parler, à part moi…

Yôko ouvrit grand les yeux.

– … Et puis quoi ? Je t'ai fait quelque chose de mal ? Je crois pas pourtant… Je suis juste là à parler gentiment avec toi…

Yôko serra les dents.

– La pauvre… Je te plains… C'est pas gai d'avoir été amenée dans un endroit pareil.

– … Alors, qu'est-ce que je dois faire ?

– Mais il n'y a rien à faire !

– … Je ne veux pas mourir.

J'ai trop peur.

– Comme tu veux ! Moi, j'ai pas dit que je voulais que tu meures, hein…

– Où dois-je aller ?

– N'importe où… Où que tu ailles, ce sera pareil ! Tu seras toujours poursuivie par les humains et par les démons-yôma…

Yôko plongea son visage dans ses mains. Des larmes coulèrent de ses yeux.

– Pleure donc… tant que tu peux encore ! La source finira bien par se tarir…

Le singe repartit d'un autre éclat de rire. Mais quand elle entendit que le son s'éloignait, Yôko redressa la tête.

– Attends !

Ne me laisse pas seule ! Même si je ne sais pas qui tu es, je préfère supporter tes sarcasmes plutôt que de me retrouver toute seule, sans personne à qui parler et sans savoir quoi faire.

Mais le singe avait disparu. Dans les ténèbres, son rire perçant résonna longtemps encore avant de s'évanouir tout à fait.

8.

Si tu veux arrêter de souffrir, c'est pas compliqué, et ça ne prend pas longtemps.

Profondément gravées dans son cœur, ces paroles ne voulaient plus en sortir. Yôko regarda l'épée posée sur ses genoux. Puis la regarda de nouveau… et encore une fois… Cet objet dur et froid, posé là à portée de main, reflétait imperceptiblement la très vague lueur de la nuit…

Si tu veux arrêter de souffrir…

Elle ne pensait pas au-delà. Sa réflexion restait bloquée sur cette idée, sans pouvoir ni avancer ni reculer, et elle avait beau essayer de la rejeter en secouant la tête, elle y revenait toujours. Et Yôko restait là, les yeux fixés sur la lame qui semblait briller d'une lumière blanche dans la nuit noire.

Yôko saisit la poignée et souleva l'arme, la faisant miroiter dans la nuit. La lame à double tranchant était à peine plus large qu'un doigt. De mystérieuses couleurs dansaient à sa surface. Yôko les observa avec attention. Elle crut un instant que c'était un effet du reflet de son visage sur le plat de la lame, mais elle comprit qu'elle se trompait. Il y avait bien quelque chose qui se reflétait, oui, mais pas son visage… celui de quelqu'un d'autre. Plus exactement, c'était une silhouette entière ! Quelqu'un qui bougeait à la surface de la lame !

Elle entendit un bruit de gouttes. Elle eut l'impression qu'elle connaissait déjà ce son, comme une goutte d'eau qui tombe dans une grotte. Plus elle regardait le reflet, plus la silhouette se détachait avec netteté. Le bruit de gouttes d'eau faiblit, les rides à la surface du reflet s'estompèrent, et l'image apparut dans toute sa clarté.

C'était une femme. Dans une chambre. Yôko la reconnut enfin.

– Maman !

C'était sa mère dont l'image se projetait sur la lame de l'épée. Sans aucun doute possible, la chambre était bien la sienne. Elle reconnut le papier peint blanc à motifs ivoire, les rideaux à petites fleurs, le couvre-lit en patchwork, les peluches sur l'étagère, et le roman *Le Long Hiver* sur son bureau. Sa mère faisait les cent pas dans sa chambre, indécise, effleurant du doigt une chose ou une autre, feuilletant un livre, puis se ravisant et ouvrant un tiroir, s'asseyant au bord du lit…

Maman...

Elle semblait avoir un peu maigri. Voyant sa mine abattue, Yôko en eut le cœur serré. Sa mère devait s'inquiéter. Yôko n'avait jamais été en retard pour le dîner, n'était jamais sortie sans dire où elle allait... Et cela faisait maintenant deux jours qu'elle n'était pas rentrée... Toujours assise sur le lit sa mère attrapa une des peluches alignées contre le mur et la tapota tendrement. Puis, sans cesser de la caresser, elle fondit en larmes.

– Maman !

L'image semblait si réelle, si proche, que Yôko avait crié sans réfléchir. Mais à peine eut-elle crié que l'image disparut. Yôko sursauta comme si elle se réveillait. Elle regarda l'objet qu'elle avait devant les yeux. C'était une épée. Une simple lame qui n'émettait aucune lumière particulière ni ne reflétait rien. Le son de gouttes d'eau s'était tu également.

– Qu'est-ce que c'était ?...

Tout cela avait paru si réel... Puis le souvenir lui revint. Le son de gouttes d'eau, c'était celui qu'elle avait entendu à plusieurs reprises dans ses rêves. Et ce qu'elle avait vu en rêve s'était finalement réalisé. Ce qu'elle venait de voir sur la lame était-il aussi une prédiction de ce qui allait arriver ? Yôko hocha la tête. Elle avait beau réfléchir, elle n'y comprenait rien. Et maintenant qu'elle avait vu sa mère, elle ne pouvait se libérer du douloureux désir de rentrer chez elle.

Elle regarda dans la direction que le singe avait empruntée. Elle ne pouvait pas accepter ce qu'il lui avait dit. Si elle se résignait à admettre qu'elle se trouvait là parce qu'on l'avait attirée dans un piège et que plus jamais elle ne rentrerait chez elle, alors autant abandonner tout espoir.

Non, personne ne l'avait trompée. Bien sûr, Keiki n'avait rien fait pour la sauver tout à l'heure, mais cela ne voulait pas dire qu'il l'avait abandonnée. Il devait avoir ses raisons, tout simplement… Et d'abord, elle ne pouvait pas jurer l'avoir réellement vu. Peut-être s'était-elle persuadée à tort qu'il s'agissait de Keiki.

Non, ça ne devait pas être lui…

… C'était quelqu'un qui lui ressemblait, certes, mais ce n'était pas lui. Dans ce monde, les gens avaient des cheveux de toutes les couleurs. Il devait s'agir d'une autre personne qui avait par hasard les mêmes cheveux d'un blond très clair. En fin de compte, elle n'avait pas pu vérifier… D'ailleurs, est-ce qu'il n'était pas légèrement plus petit que lui ?

Oui, c'est moi qui me suis trompée, c'est sûr…

… Cela ne pouvait pas être Keiki. Keiki ne l'aurait jamais abandonnée, d'abord. C'est ça… Donc, il suffisait de retrouver Keiki, et il la ramènerait chez elle…

Elle mit la main sur la poignée de l'épée. Au même instant, un frisson lui courut le long de la colonne vertébrale.

– Jôyû ?

Elle se leva instinctivement. Sa main tira l'épée de son uniforme enroulé. Puis elle se mit en garde, prête à combattre. Ou plus exactement, son corps prit tout seul la position de combat, comme chaque fois que Jôyû en prenait le contrôle.

– Pourquoi ?

Elle ne s'attendait pas à obtenir de réponse car Jôyû ne répondait jamais. Mais elle sentit que les battements de son cœur s'accéléraient. Elle écouta avec attention les bruits qui glissaient dans les herbes devant elle.

Quelque chose approche...

Puis elle entendit des grognements, comme un chien menaçant.

Les revoilà ? Les mêmes bêtes qui ont attaqué la charrette ?

Comment allait-elle combattre en pleine nuit ? Faisant volte-face, elle chercha à se déplacer vers un endroit moins sombre. Elle avança d'un pas, volontairement cette fois, et sentit que le frisson l'aidait à mouvoir sa jambe. Puis elle se mit à courir et entendit alors dans son dos le bruit de quelque chose qui se rapprochait à grande vitesse. Son poursuivant semblait rapide, mais puisqu'il ne la rattrapait pas, cela voulait peut-être dire qu'il n'était pas très agile. Elle décida de courir en zigzaguant. Elle percevait le martèlement des pattes qui suivaient ses propres changements de direction. Mais parfois, elle entendait aussi le choc sourd d'une masse de chair butant contre un arbre quand il n'avait pas réussi à négocier le virage suffisamment vite.

Devinant une zone sans arbre mieux éclairée, elle sortit du bois. Devant elle se dressait une paroi rocheuse, sorte de corniche faisant terrasse, dégagée de toute végétation. Elle pouvait apercevoir au-delà une ligne de collines aux courbes arrondies et en éprouva quelque déception, s'imaginant déboucher sur une plaine. Elle se retourna et se remit en position de combat. Une grande ombre mugissante s'avançait.

La bête ressemblait à une sorte de bœuf à poils longs, qui se hérissaient à chaque respiration. Un grondement semblable à celui d'un chien s'échappait de sa gueule.

Yôko n'éprouva ni peur ni surprise. Bien sûr, son cœur palpitait et sa respiration lui brûlait la gorge, mais elle commençait à être habituée à se trouver nez à nez avec des animaux monstrueux.

Je vais encore me retrouver couverte de sang ? Pff… j'aime pas ça…

C'est tout ce que cela lui faisait, maintenant. La lune blafarde était déjà haute, et la lame en renvoyait un reflet glacial. Elle la tourna légèrement du côté de l'ombre. Le reflet lumineux vira au noir pur. Trois coups d'épée suffirent pour renverser la bête sur son flanc. Puis dans un ultime assaut, Yôko plongea son épée dans la chair de l'animal pour l'achever. Au même moment, elle aperçut, groupés dans les fourrés, des yeux rouges qui la guettaient…

Ça ne faisait que commencer… Poursuivie par une cohorte de démons-yôma, elle dut se déplacer à plusieurs reprises, recherchant toujours les endroits les plus éclairés pour les affronter. La nuit fut longue. Pourvu que les monstres n'attaquent que la nuit et lui laissent un peu de répit dans la journée, pensait-elle. Car même si la succession de courses et de combats s'interrompait parfois, lui permettant de souffler un peu, la fatigue s'accumulait gravement et ce malgré l'usage qu'elle faisait de la perle bleue à chaque accalmie.

Quand l'aube la trouva sur un sentier de montagne, elle avait du mal à marcher et s'aidait de l'épée comme d'une canne. Les attaques se firent de moins en moins fréquentes au fur et à mesure que le ciel s'éclaircissait, et elles cessèrent tout à fait dès que le soleil apparut. Yôko aurait bien aimé se coucher là, au bord du chemin, et dormir profondément, mais cela pouvait s'avérer dangereux si quelqu'un venait à passer et la trouvait…

Traînant ses membres engourdis, elle rampa presque pour aller se cacher à l'intérieur du bois. Elle trouva un fourré confortable, ni trop loin ni trop près du chemin et, son épée dans les bras, s'endormit d'un profond sommeil.

Troisième partie

1.

Chaque nuit, elle se levait dès le coucher du soleil, errait au hasard et livrait plusieurs combats contre diverses bêtes féroces jusqu'à l'aube. Le jour, elle dormait dans un fourré et se nourrissait de baies et de noix cueillies à même les arbres. Trois jours passèrent ainsi.

Elle était tellement exténuée à la fin de ses nuits qu'elle n'avait aucune difficulté à s'endormir le matin venu, quel que soit l'endroit. C'est la faim qui était terrible. Serrer la perle bleue dans sa main l'empêchait certes de mourir d'inanition mais cela ne lui remplissait pas l'estomac, et la faim était tellement atroce qu'elle avait l'impression que des milliers de vers la grignotaient de l'intérieur.

Le quatrième jour, elle changea de tactique et décida de ne plus marcher sans but.

Au début, elle s'était dit qu'elle multipliait peut-être ses chances de tomber sur quelque chose en errant au hasard dans la nature. Mais tomber sur quoi ? Elle ne le savait pas… juste tomber sur quelque chose. Au bout de quatre jours, elle devait bien admettre qu'elle s'était trompée et qu'elle ne trouverait rien ainsi.

Elle devait retrouver Keiki. Le problème, c'est que si elle allait se renseigner, elle risquait de s'attirer les mêmes histoires que la première fois, dès qu'on s'apercevrait qu'elle était une « kaikyaku »…

Elle regarda son uniforme. Il lui fallait au moins trouver des vêtements. Si elle pouvait trouver de quoi s'habiller comme les gens d'ici, elle ne se ferait pas remarquer comme kaikyaku au premier coup d'œil.

Oui, mais comment se procurer des habits ? Elle ne savait pas quelle était la monnaie du pays, et de toute façon elle n'avait pas d'argent sur elle. Impossible donc d'en acheter. Il ne lui restait pas grand choix : il lui fallait les voler, par surprise ou à la menace de son épée. Dès le premier jour, elle avait su que trouver des vêtements de rechange serait un problème, sans toutefois se résigner à en voler. Ses quatre jours d'errance dans la nature, sans pouvoir se changer, avaient fini par lui faire prendre la seule décision qui s'imposait : elle voulait survivre. Il ne s'agissait pas de tuer quelqu'un et de détrousser le cadavre, de toute façon… Hésiter ne faisait que repousser l'issue.

Du pied d'un grand arbre, elle aperçut un hameau relativement proche, constitué de quelques pauvres habitations regroupées au milieu d'une vallée. Le soleil était encore haut et plusieurs silhouettes s'agitaient dans les rizières, sans doute en train de travailler.

Marchant d'un pas résolu pour se donner du courage, elle sortit silencieusement de la zone boisée. Elle s'approcha de la première maison. Il n'y avait pas de muret autour et elle donnait ainsi directement sur les petites parcelles de rizières. Le toit était de tuiles noires et les murs, à moitié décrépits, de terre séchée. Les fenêtres consistaient en de simples trous pratiqués dans le mur, sans aucune vitre. Des volets en auvent étaient fixés au-dessus de chaque fenêtre, mais tous étaient ouverts.

Yôko s'approcha avec précaution. Elle avait maintenant l'habitude de se trouver face à face avec n'importe quel monstre et ne tremblait plus la nuit en forêt. Pourtant, cette fois-ci, il lui fallut serrer les mâchoires pour éviter de claquer des dents.

Elle jeta un coup d'œil furtif par une fenêtre. C'était une pièce au sol de terre battue, avec une table et un fourneau en terre. Probablement la cuisine-salle à manger de la maison. Elle ne vit personne et eut beau tendre l'oreille, elle n'entendit aucun bruit. Elle longea le mur à pas de loup. Il y avait un puits, et en face, une sorte de porte en bois qui marquait l'entrée.

Elle tira sur la porte qui s'ouvrit sans résistance. Puis, retenant son souffle, elle passa la tête à l'intérieur. Il n'y avait effectivement personne. Rassurée, elle entra. C'était la pièce qu'elle avait déjà vue par la fenêtre. D'environ dix mètres carrés, très fruste, elle dégageait une atmosphère de vie quotidienne simple et honnête. Oui, c'était une « maison », avec quatre murs, quelques meubles sans luxe, quelques ustensiles de tous les jours, quelques étagères, et cela représentait tout ce que Yôko avait perdu. La nostalgie lui fit monter les larmes aux yeux.

La pièce possédait une autre porte. Yôko l'ouvrit sans bruit : c'était une chambre à coucher. Il y avait là deux lits en bois, à peine un peu plus travaillés que celui sur lequel elle avait passé la nuit dans la prison de Hairô. Des étagères, une petite table et un grand coffre en bois complétaient le mobilier. Et c'était tout. La maison n'avait que deux pièces.

Yôko entra dans la chambre et referma la porte, non sans s'être assurée que la fenêtre était bien ouverte. Elle commença par fouiller sur les étagères mais ne trouva rien. Elle souleva le couvercle du coffre. Celui-ci, de la taille d'un poste de télé grand format, était rempli d'étoffes et de tissus, mais elle ne vit aucun vêtement. Elle commença à retirer les tissus, se disant qu'il pouvait y en avoir au fond. Mais elle n'y trouva que quelques boîtes qui ne contenaient elles-mêmes que de petites pièces de tissu, quelques draps, des couvertures fines et quelques vêtements, mais pour enfants et bien trop petits pour elle.

Tout de même, il devait bien y avoir de quoi s'habiller dans cette maison. Elle refaisait des yeux le tour de la chambre, quand elle entendit soudain un bruit : quelqu'un venait d'entrer dans la pièce voisine. Yôko sursauta. Les battements de son cœur s'accélérèrent. Elle jeta un coup d'œil à la fenêtre. Chose étrange, la distance qui la séparait d'elle lui parut beaucoup plus importante que tout à l'heure et impossible à franchir sans se faire voir.

Pourvu que personne ne vienne dans la chambre...

Les pas se rapprochèrent. La porte de communication entre les deux pièces s'ouvrit brusquement. Yôko resta figée sur place, plantée devant le coffre ouvert et les tissus éparpillés. Elle ne fit même pas un mouvement en direction de la fenêtre. Un court instant, elle pensa mettre la main à son épée mais elle abandonna rapidement cette idée. Si elle s'était décidée à voler, ce n'était pas par vice ou par goût de l'aventure, c'était simplement qu'elle y avait été contrainte par la nécessité. Bien sûr, elle pouvait jouer les cambrioleuses menaçantes avec son épée, mais cela signifiait alors qu'elle devrait accepter de s'en servir pour de vrai si sa victime refusait de se laisser détrousser. Et ça, elle ne le voulait pas. Elle ne voulait pas utiliser une arme contre quelqu'un. Il ne lui restait donc plus qu'à s'en remettre à la chance ou au destin. Elle avait essayé de voler, elle avait pris un risque pour survivre, et elle avait perdu. Elle acceptait le résultat.

La douleur sera de courte durée.

Une femme entre deux âges, assez grande, fit un pas dans la chambre et se figea en apercevant l'intruse. Ayant renoncé à fuir, Yôko resta sans bouger. La première frayeur passée, elle se sentait calme. Les gens du village allaient la capturer, l'attacher, ils la conduiraient de force à la préfecture en la poussant dans le dos, elle serait condamnée et ce serait une peine méritée. C'était juste. Tout allait se terminer, elle ne sentirait plus ni faim ni fatigue.

La femme regarda tour à tour Yôko et les tissus éparpillés.

– Tu ne trouveras aucun objet de valeur chez moi…

Yôko avait imaginé des cris et des hurlements mais pas cette voix calme et ferme. Elle était si gênée qu'elle ne répondit rien.

– … Des vêtements ? C'est des vêtements que tu veux ?

Devant sa réaction, la femme avait compris ce qu'elle cherchait. Elle s'avança, passa devant Yôko et s'approcha du lit.

– Les vêtements, je les mets là-dedans… dit-elle en s'agenouillant.

Elle souleva le matelas, faisant apparaître une caisse dans le corps même du lit.

– Dans le coffre, je ne mets que des choses qui ne servent plus, continua-t-elle en sortant un à un les vêtements. De quoi as-tu besoin ? Mais je te préviens, ce ne sont que des habits à moi, tu ne trouveras rien pour une jeune fille.

Elle étala divers habits et se retourna vers Yôko qui ne savait quoi répondre.

– Ah, si ma fille était encore vivante… continua la femme. Tout cela n'est pas assez joli pour toi, j'imagine…

– … Pourquoi ? laissa échapper Yôko.

Pourquoi ne se met-elle pas à crier ?

Pourquoi ne s'enfuit-elle pas en courant ?

– Pourquoi ?

La femme se tourna encore une fois vers elle, mais Yôko ne savait quoi dire. La femme eut un sourire un peu forcé et continua à étaler ses vêtements.

– Tu viens de Hairô, c'est ça ?

– Oui…

– Tu sais… une kaikyaku qui s'échappe, on en entend parler !

Yôko ne répondit rien. La femme eut un sourire amer.

– Les gens sont têtus, que veux-tu... On dit que les kaikyaku apportent la ruine au royaume, que les kaikyaku portent malheur... Si on les écoutait, ils diraient même que ce sont les kaikyaku qui causent les shoku ! Il y a de quoi rire...

La femme examina Yôko de haut en bas.

– Mais tu es couverte de sang ! Que t'est-il arrivé ?

– J'ai été attaquée par des yôma... dans la montagne...

Yôko ne trouva pas de mots pour terminer sa phrase.

– Des yôma ? dit la femme en se relevant. Oui, il y en a de plus en plus ces derniers temps... tu as déjà bien de la chance de ne pas avoir été dévorée... Bah, assieds-toi. Tu n'as pas faim ? Tu as mangé comme il faut ? Tu as mauvaise mine, tu sais...

Yôko baissa la tête.

– Je vais te donner quelque chose à manger, pour commencer. Ensuite, tu te laveras. Et après, il sera temps de penser à tes vêtements.

La femme traversa la chambre pour retourner dans la première pièce. Mais arrivée à la porte, elle se retourna. Yôko ne pouvait toujours pas faire un geste.

– Et tu t'appelles comment ?...

Yôko voulut répondre mais les mots lui restèrent dans la gorge. Des larmes jaillirent de ses yeux, de plus en plus abondantes, et elle s'affaissa sur les genoux.

– Pauvre petite… fit la femme en lui caressant le dos. Tu as dû en voir de dures…

Yôko ne pouvait plus retenir tout ce qu'elle avait gardé en elle jusque-là. Elle s'affala sur le sol, recroquevillée sur elle-même, et éclata en sanglots.

2.

– Tiens, mets-toi toujours ça, dit la femme en lui tendant un kimono blanc. Ce sont des vêtements de nuit, mais tu vas bien passer la nuit ici, non ?

Yôko s'inclina profondément pour remercier. La femme avait consolé Yôko qui pleurait comme une fontaine, lui avait préparé une bonne bouillie de riz aux haricots rouges, et avait empli pour elle un grand baquet d'eau chaude. Son estomac torturé par la faim était apaisé. Son corps souillé était lavé et elle portait des vêtements propres. Elle avait l'impression d'être enfin redevenue un être humain.

– Merci beaucoup, madame, dit-elle en sortant de derrière le paravent qui cachait le baquet pendant qu'elle se lavait, et en s'inclinant encore une fois. Et excusez-moi pour tout à l'heure…

Dire que j'ai voulu voler des vêtements à une femme si bonne et si généreuse !…

Les yeux de la femme étaient bleus. Yôko lui adressa un regard plein de franchise. La femme sourit amicalement.

– Ne t'en fais pas ! Y a rien de grave ! Tiens, je t'ai apporté une boisson chaude. Bois et dors bien. J'ai préparé ton lit…

– Merci !

– Il n'y a pas de quoi ! Par contre… je vais ranger ton épée, j'aime pas beaucoup ces trucs-là…

– Ah oui… pardon.

– Pas la peine de t'excuser tout le temps. Alors… dis-moi plutôt ton nom !

– Je m'appelle Nakajima Yôko.

– Décidément, les noms des kaikyaku sont bien compliqués ! Moi, c'est Takki. C'est comme ça que tout le monde m'appelle.

Tout en parlant, la femme offrit une tasse de thé à Yôko, qui l'accepta poliment avant de demander :

– Takki ? Comment ça s'écrit ?

– Ça s'écrit « grande sœur généreuse », répondit la femme en traçant les caractères chinois avec son doigt sur la table. Dis-moi, Yôko, tu as un endroit où aller, après ?

– Non… Nulle part. Madame Takki, vous ne connaîtriez pas un homme appelé Keiki ?

– Keiki ? Non, je ne connais personne de ce nom-là. Tu le cherches ?

– Oui.

– Et de quel pays est-il ? Du royaume de Kô ?

– Il est de ce monde, c'est tout ce que je sais…

Takki eut un sourire embarrassé.

– C'est pas très précis comme renseignement… Il faut au moins que tu me dises de quel royaume, parce que sinon…

Yôko baissa la tête.

– Mais je ne sais rien de ce monde…

– Bah, c'est normal, tu es une kaikyaku…

Takki but une gorgée de sa propre tasse et la reposa.

– Bon… Il y a douze pays. Douze royaumes. Ici, c'est le royaume de Kô, qui se trouve au sud-est.

– Ici, le soleil se lève de quel côté ? À l'est ?

– Bien sûr !… Voilà, et notre village, Gôsô, se trouve à l'est du royaume de Kô. En partant d'ici et en marchant environ dix jours vers le nord, on arrive à de hautes montagnes, et au-delà, c'est le royaume de Kei.

Yôko regardait attentivement tous les caractères que Takki traçait sur la table en même temps qu'elle parlait.

– Hairô se trouve sur la côte est, à cinq jours de marche par la grand-route.

L'univers qui avait été jusqu'alors si incompréhensible pour Yôko commençait à prendre forme.

– Quelle taille a le pays de Kô, en entier ?

Takki pencha la tête, l'air embarrassé.

– Hum, ma foi… eh bien, si on marche de la frontière est jusqu'à l'autre bout à l'ouest, ça doit prendre environ trois mois…

– Trois mois ! ?

Yôko ouvrit de grands yeux. Elle ne voyait pas nettement à quoi correspondait la distance d'un jour de marche, mais assurément trois mois de marche devaient représenter une distance énorme.

– Ben, dame, c'est que c'est tout un pays, le pays de Kô ! Et du nord au sud, il y a à peu près la même distance… Sans compter que pour aller dans un autre pays, il faut encore traverser des montagnes ou la mer, ça prendrait bien quatre mois de voyage, je pense.

– Et… vous avez dit qu'il y en avait douze comme ça dans ce monde ?

Yôko ferma les yeux. Elle commençait à comprendre que ce monde n'était pas du tout une sorte de jardin miniature comme elle se l'était imaginé. Rien que pour en faire le tour, il lui faudrait plus de quatre ans ! Et c'est dans ce monde si vaste qu'elle devait chercher un homme dont elle connaissait à peine le nom.

– Et ce Keiki, qu'est-ce qu'il est pour toi ?

– Je ne sais pas… Il doit être d'ici, c'est lui qui est venu me chercher pour m'amener dans ce monde…

– Il t'a amenée ici ?

– Oui.

– Ah bon… Mais comment est-ce possible ?

Takki semblait très étonnée de cette révélation.

– C'est bizarre ? demanda Yôko.

Takki eut un sourire confus.

– Je ne suis pas très instruite, bien sûr, je ne connais pas grand-chose sur les kaikyaku… C'est vrai qu'on n'en voit pas souvent, en fait…

– Ah bon ?

– C'est même plutôt rare… mais en tout cas, ton Keiki n'est certainement pas un humain ordinaire. C'est pas quelque chose qu'on peut faire, nous autres les gens normaux… C'est peut-être un dieu… ou alors un mage, ou un yôma…

Yôko jeta un regard à Takki, l'air hagard. Pour toute réponse, Takki lui sourit.

– Aller dans l'autre monde et en ramener quelqu'un, ce n'est pas possible pour un être humain normal. Et si ce n'est pas un humain, ça ne peut être qu'un dieu, un mage ou un yôma, c'est bien simple…

– J'ai déjà rencontré des yôma… Mais des dieux ou des mages, ça existe ?

– Bien sûr ! Évidemment, nous autres les gens normaux, nous n'avons pas grand-chose à voir avec ces gens-là, ils vivent dans un autre monde, c'est très très rare qu'ils descendent jusqu'à nous.

– Encore un autre monde ?

– Le monde du ciel, bien sûr ! Bah, c'est vrai qu'il y a aussi des mages qui vivent ici-bas dans notre monde à nous… Et puis il y a les gouverneurs, tout ça… les « shûkô » comme on les appelle…

Yôko essayait de comprendre. Takki eut encore son petit sourire.

– … Chaque province, ou shû, a à sa tête un gouverneur. Ici, nous sommes dans la province de Jun. Le gouverneur de la province s'appelle donc le Jun-kô, ou « gouverneur de Jun ». Il est nommé par le roi et gouverne la province en son nom. Les grands dignitaires eux-mêmes ne sont pas des humains ordinaires, ils sont immortels et possèdent certains pouvoirs magiques. C'est pour ça qu'on dit qu'ils vivent dans un autre monde.

– Alors, ça veut dire que Keiki est un de ces êtres ?

– Ma foi…

Takki souriait toujours. Décidément, elle était très souriante…

– En ce qui concerne les mages… Tous les hauts fonctionnaires de l'administration sont des mages, ainsi que les employés subalternes du palais royal. Les humains normaux ne peuvent pas aller au ciel, et le palais royal est justement au ciel, alors c'est pour ça que ce sont des mages qui remplissent ces fonctions, afin d'assurer la communication entre le monde des humains et le monde du palais royal.

Quant aux rois, eux, ce sont des dieux. Ce sont eux qui nomment les mages. Il y a parfois des humains qui deviennent mages par eux-mêmes, sans être nommés par le roi, c'est vrai, mais c'est rare, et de toute façon, ce ne sont pas des gens que nous pouvons rencontrer, nous autres les humains ordinaires. Tu vois, ils vivent dans une autre sphère, un autre monde, je te dis !

Yôko rangea soigneusement dans sa tête tout ce que venait de lui dire Takki. Chaque information avait son importance.

– On dit aussi qu'il y a des dragons qui règnent sur les mers, mais je ne sais pas si c'est vrai ou si ce sont seulement des légendes. En tout cas, si les pays des dragons existent, les habitants ne doivent pas être des humains ordinaires non plus... Et puis on dit aussi que certains yôma peuvent prendre forme humaine. Des jin'yô, on les appelle. La plupart ne ressemblent que très vaguement à des hommes, mais il y en a aussi qui sont tellement semblables à nous qu'on ne peut pas les distinguer.

Takki, saisissant la théière de terre cuite, remplit à nouveau les tasses de thé encore tiède.

– Et puis on raconte encore que quelque part dans ce monde existe le pays des yôma, mais je ne sais pas si c'est vrai. Parce que en fait les humains et les yôma aussi vivent chacun dans leur univers propre.

Yôko baissa la tête. Les informations commençaient à déborder maintenant, et les explications de Takki devenaient brumeuses.

Si Keiki n'était pas un être humain, qu'était-il donc ? Hyôki, Kaiko et les autres animaux étranges de sa suite étaient peut-être des yôma… Mais alors, Keiki était-il un jin'yô ?

– Est-ce qu'il y a des yôma appelés « Hyôki », ou « Kaiko »… ou « Jôyû » ?

Takki sembla surprise.

– Ma foi, je n'ai jamais entendu ces noms-là. Pourquoi ?

– … Et « Hinman » ?

– Tu veux dire un « hinman », un succube-guerrier ? C'est un yôma qui apparaît parmi les soldats, dans les batailles. Il paraît qu'il n'a pas de corps, seulement des yeux rouges. Où as-tu appris ce mot ?

Yôko frémit. Cela voulait dire que Jôyû était un yôma, un démon ! Et cet esprit diabolique habitait son propre corps ! Mais si elle avouait cela à Takki, elle prendrait peur. Il valait mieux ne rien dire.

– … Et Kochô ?

– Un kochô ?…

Takki ne semblait plus très à l'aise sur sa chaise. Toutefois, au bout de quelques secondes, elle traça deux caractères sur la table, qui signifiaient « vermine maudite » (*ko*) et « aigle » (*chô*).

– C'est le nom d'un oiseau avec des cornes, je crois. Il dévore les humains. Mais tu en as déjà vu ?

– J'ai été attaquée par un kochô.

– Où ça ?

– Là-bas... Dans le monde d'où je viens. Et c'est pour lui échapper que je suis venue ici. En fait, je ne sais pas si c'est moi ou Keiki qu'il voulait tuer, mais Keiki m'a dit que si je voulais être sauvée, il n'y avait pas d'autre solution que de le suivre dans ce monde-ci...

– Hum... qu'est-ce que c'est que cette histoire ?...

Takki avait baissé la voix. Yôko poussa un gros soupir et leva les yeux sur elle.

– C'est bizarre ?

– Très bizarre... Quand des yôma apparaissent dans la montagne, c'est déjà un malheur pour nous ! Normalement, les yôma ne s'approchent pas des hommes.

– Vraiment ?

– Bien que... depuis peu, c'est vrai, on en voit de plus en plus, je ne sais pas pourquoi... On ne peut même plus sortir la nuit, tellement il y en a ! Alors tu penses, si un kochô était signalé, ça ferait du bruit... Mais c'est pas seulement ça...

Takki laissa sa phrase en suspens une seconde, les lèvres déformées par une grimace sombre.

– … D'autre part, tu sais, les yôma sont comme des bêtes sauvages. Ils ne poursuivent pas quelqu'un en particulier. Si tu dis qu'un kochô est allé jusque chez toi, alors là… je n'ai jamais entendu une histoire pareille ! Dis donc, tu ne serais pas impliquée dans une affaire vraiment grave, par hasard ?

– Une affaire grave ?

– Enfin… j'en sais rien, moi… Tout ce que je sais, c'est que depuis peu les yôma sont de plus en plus nombreux, et c'est pas une bonne chose du tout…

La voix de Takki avait changé. Le ton était devenu anxieux. Yôko commença à s'inquiéter. Elle avait cru qu'il était normal dans ce monde que les yôma hantent les montagnes et poursuivent les habitants.

Dans quelle histoire suis-je embarquée ?

Takki sembla déceler l'inquiétude de Yôko. Elle reprit d'une voix gaie, pour la rassurer :

– Bah ! C'est pas grave tout ça, ce n'est pas la peine de trop y penser ! Au fait, Yôko, est-ce que tu connais quelqu'un sur qui tu peux compter ?

Yôko leva les yeux vers Takki, et fit non de la tête.

– Chercher Keiki… c'est la seule chose que je puisse faire.

Elle savait au moins qu'elle n'avait rien à craindre de Keiki ni de ses « assistants », même si c'étaient des yôma.

– Ça prendra du temps, et ça ne sera pas facile…

– Je sais…

– Tu devrais plutôt réfléchir au moyen d'assurer ton existence, d'abord. Bien sûr, si tu veux, tu peux toujours rester chez moi. Pour ma part, tu es la bienvenue. Mais si les autres habitants de ce village te trouvent, ils t'emmèneront de force à la préfecture. Je pourrais dire que tu es une parente à moi, mais ça ne tiendrait pas bien longtemps, comme mensonge…

– Non merci, je ne veux pas vous causer d'ennuis.

– En allant vers l'est, il y a une ville appelée Kasai, continua Takki en souriant. J'y ai encore ma mère. Elle tient une auberge. Ce n'est pas une méchante femme et elle ne te livrera pas au préfet. Si je lui explique, elle te donnera du travail. Tu es prête à travailler ?

– Bien sûr ! répondit Yôko sans la moindre hésitation.

Elle était consciente qu'il ne serait pas facile de retrouver Keiki. Ce serait même impossible si elle ne veillait pas avant tout à se procurer un moyen de subsistance. Être constamment affamée et passer ses nuits à combattre des bêtes féroces et des esprits démoniaques, elle en avait assez. Takki hocha la tête, toujours souriante.

– Tu es une brave fille. Ne t'inquiète pas, le travail ne sera pas très dur. Tu verras, les employés de l'auberge sont tous très gentils et tu t'entendras sûrement bien avec eux. Alors, tu seras prête à partir demain matin ?

– Je serai prête.

Takki sourit encore.

– Très bien… Tu devrais te coucher maintenant. Dors bien. Et si demain tu es encore trop fatiguée, tu pourras rester autant que tu veux, tu sais !

Yôko s'inclina profondément pour la remercier.

3.

Dormir dans un lit ici, c'était un peu comme dormir dans un futon étendu sur un tatami. C'était agréable.

Au milieu de la nuit, Yôko se réveilla. À l'autre bout de la pièce, Takki dormait profondément dans son lit. Elle s'était déjà montrée si généreuse avec elle. Yôko se leva, s'assit sur le lit en bois et serra ses genoux dans ses bras. Sa chemise de nuit, toute propre, fit un son doux en glissant sur sa peau.

La chambre aux volets clos était obscure et silencieuse. La lourde toiture et les murs épais protégeaient le sommeil des hommes des petits bruits de la nuit. L'air était immobile. Quel bonheur de se trouver dans une chambre où dormaient d'autres humains ! pensa Yôko.

Elle sortit et pénétra dans la salle à manger. Elle voulait toucher son épée. Pendant quatre jours, elle n'avait pas lâché la poignée de son arme une seule minute et elle se sentait maintenant vaguement inquiète de ne plus l'avoir à portée de main. Sur l'étagère où Takki l'avait rangée, elle prit l'étoffe dans laquelle elle était enveloppée, s'assit sur une chaise et la posa sur ses genoux. Takki lui avait donné un autre tissu pour remplacer son uniforme ensanglanté.

Elle respira calmement. D'après Takki, la ville de Kasai, où habitait sa mère, se trouvait à trois jours de marche. Là-bas, elle aurait enfin un endroit pour vivre, une place à elle dans ce monde. Elle n'avait jamais travaillé mais cette idée lui donnait plus d'espoir que d'inquiétude.

Comment sera la mère de Takki ? Et mes collègues ? Je dormirai la nuit, je me lèverai le matin, et pas le contraire... Et puis je me réveillerai dans une maison, pas au milieu de la forêt ! Et quand je commencerai ma journée, je ne penserai qu'à mon travail, et à rien d'autre... Tant pis si je ne peux pas rentrer chez moi, ni si je ne retrouve jamais Keiki, parce que au moins j'aurai trouvé mes bases, une vie saine...

Elle ferma les yeux et respira profondément, pleine d'espoir.

C'est alors qu'elle entendit un son cristallin sous le tissu. Elle ouvrit rapidement les yeux : une lueur transparaissait à travers la trame. Elle déroula l'étoffe avec précaution. Comme la première fois, la lame émettait une lumière et une petite image colorée dansait à sa surface. De la même façon qu'on effectue une mise au point dans un film, l'image apparut soudain, nette et précise.

Elle vit sa chambre, chez elle… C'était si réel, si proche, qu'il lui semblait n'avoir qu'à tendre la main pour en toucher le mur. Mais ce n'était qu'une illusion. Et toujours elle entendait le son d'une goutte d'eau qui résonnait dans une grotte.

À nouveau, elle vit sa mère déambuler dans sa chambre. Elle faisait les cent pas, ouvrant un tiroir de la commode ou passant un doigt sur le bord de l'étagère. Elle semblait chercher quelque chose. Après qu'elle eut ouvert puis refermé trois ou quatre fois le même tiroir, la porte s'ouvrit et son père apparut.

– Hé ! Je veux prendre un bain !

Yôko entendait distinctement sa voix.

Sa mère lui lança un vague coup d'œil, puis ouvrit de nouveau le même tiroir.

– Vas-y, il y a de l'eau chaude dans la baignoire…

– Et mon linge de rechange ?

– Tu peux bien le prendre toi-même…

Sa mère avait répondu d'un ton sec et amer. Son père aussi.

– À quoi ça te sert de rester là à ne rien faire ? Tu crois que ça va changer quelque chose ?

– Je ne reste pas là à ne rien faire ! Tu peux bien prendre ton linge propre toi-même, non ?

– Yôko a fait une fugue, dit le père d'une voix grave. Et c'est pas en restant dans sa chambre à tourner en rond que tu vas la faire revenir !

Une fugue ?

– Non, ce n'est pas une fugue… répondit la mère.

– C'est une fugue, je te dis ! On sait qu'un type louche est venu la chercher au lycée. Et ils étaient toute une bande ! Ils ont cassé les vitres de l'extérieur, tu as entendu, non ? Tu veux que je te dise ? Eh bien, notre fille avait en secret des rapports avec des racailles et des voyous !

– Non, ma fille n'a pas ce genre de fréquentations !

– Elle ne te le disait pas, c'est tout ! D'ailleurs, ses cheveux, c'est pareil… Je suis sûr qu'elle se les teignait sans nous le dire, en fait !

– Mais non !

– Oh si ! Et ça arrive plus souvent que tu le crois ! Des filles qui fréquentent des voyous et qui finissent par partir avec eux, ça court les rues ! Et tu verras, quand elle sera fatiguée de sa petite balade, elle reviendra !

– Non, elle n'est pas comme ça… Je ne l'ai pas élevée comme ça…

Les deux parents s'échangèrent un regard hostile.

– Les mères disent toujours ça ! Mais puisque les voyous qui se sont introduits dans le lycée avaient les cheveux teints, eux aussi ! Voilà ! Elle sortait avec des garçons comme ça ! Elle aussi, elle était comme ça !

Mais non, Papa !

– Pourquoi dis-tu ça ?

On sentait une rancune accumulée contre son mari dans ses paroles.

– … Qu'est-ce que tu connais de Yôko, d'abord ? Toi, tu ne parles que de ton « travail », tu n'as que ce mot-là à la bouche, en réalité tu ne t'es jamais occupé de ta fille !

– Je la connais parce que je suis son père, tout de même !

– Son père ? Tu appelles ça un père, toi ?

– Ritsuko, je ne te…

– Ah bon, parce que pour toi, il suffit d'aller au bureau et de rapporter de l'argent à la maison pour être un père ? Ta fille a disparu, mais pas question de manquer un jour au bureau, tu ne lèves pas le petit doigt pour savoir ce qu'elle est devenue… C'est ça que tu appelles être un père ? « Yôko était comme ci ou était comme ça… » Mais d'où un type qui ne sait rien de sa fille a le droit de dire ça ?

Le père de Yôko fut plus surpris que fâché de cette réflexion.

– Voyons, Ritsuko… calme-toi, voyons…

– Je suis calme ! Je n'ai jamais été aussi calme ! Yôko a des problèmes, elle a besoin que sa mère tienne bon, je n'ai pas le droit de craquer en ce moment et je ne craquerai pas…

– Voyons… Tu dois assurer ton rôle, d'abord. Si tu es calme, alors fais ce que tu dois faire comme il faut, il sera temps de t'inquiéter après…

– Et mon rôle, d'après toi, c'est de sortir ton linge de rechange, c'est ça ? Remplir ce rôle est plus important que de penser à ma propre fille, c'est ça ? Pendant ce temps, toi, tu ne penses qu'à toi, c'est ça ?

Le père était rouge de colère mais sa femme soutint son regard.

– Ah bon ? Yôko est une dévergondée, d'après toi ? Mais moi qui la connais mieux que toi, je sais que c'est une bonne fille ! Jamais elle ne s'est montrée insolente avec moi, jamais elle ne s'est révoltée ! Elle est la docilité et la franchise mêmes ! Jamais elle ne nous a causé le moindre souci. Elle se confiait à moi et je sais qu'elle n'était pas une fille à faire une fugue. Je sais qu'elle n'était pas malheureuse en famille…

Toujours muet, le père détourna les yeux.

– … Elle a laissé son sac au lycée, son manteau aussi… Comment veux-tu que ce soit une fugue ? Il lui est arrivé quelque chose, j'en suis sûre…

– Bon… et alors ?

La mère écarquilla les yeux.

– Et… « Et alors », c'est tout ce que tu trouves à dire ?

Le père eut du mal à répondre.

– Eh bien, même si elle est impliquée dans une affaire, qu'est-ce qu'on y peut ? On a déjà signalé sa disparition à la police, non ? Tourner en rond dans sa chambre ne va pas la faire revenir, que je sache…

– C'est ça, ta façon de présenter les choses ?

– Mais c'est la réalité ! Tu veux placarder partout des affiches avec la photo de ta fille ? Tu crois que ça va la faire revenir ? Et tu veux que je te dise, si…

– Stop, arrête…

– … Si ce n'est pas une fugue, si c'est autre chose, alors elle est sans doute déjà morte !

– Arrête, je te dis !

– Tu ne regardes pas la télé ? Tu sais bien qu'un enfant qui disparaît, on ne le retrouve jamais vivant ! C'est pour pas te faire de mal que je préfère te dire que c'est une fugue, tu ne comprends pas ?

La mère s'effondra en larmes. Le père la regarda sans faire un geste pendant quelques secondes, puis quitta la chambre.

Maman… Papa…

Yôko ne put supporter cette scène plus longtemps. Elle ferma les yeux et s'aperçut qu'ils étaient pleins de larmes. Les larmes roulèrent sur ses joues. Quand elle rouvrit les yeux, il n'y avait plus rien. Il n'y avait qu'une épée, une simple lame qui n'émettait aucune lueur particulière ni ne reflétait rien. Elle la posa sur ses genoux. Ses larmes ne tarissaient pas.

4.

… Je ne suis pas encore morte… Il vaudrait peut-être mieux que je sois morte, mais en tout cas, je vis encore !

… Je n'ai pas fait de fugue. Au contraire, je voudrais tant rentrer à la maison ! Et mes parents, ma maison me manquent tant !

… C'est la première fois que je vois mes parents se disputer…

Elle posa son front sur la table et ferma les yeux. Les larmes coulaient sans discontinuer.

Ah… Mais que je suis bête !… Pourquoi est-ce que je prends ces histoires au sérieux ? En fait, rien ne me prouve que les images que je viens de voir reflètent la réalité…

Elle se redressa, essuya ses larmes et enroula la lame dans le tissu. Ces images provenaient de l'épée. Rien ne prouvait qu'elles étaient vraies. Elles pouvaient tout aussi bien être de pures illusions. À la vérité, rien ne le prouvait et pourtant, intuitivement, il lui semblait qu'elles devaient être vraies. Elle ressentit une telle oppression dans la poitrine qu'elle dut se lever, et sortit par la porte de devant.

Le ciel était rempli d'étoiles. Mais elle ne reconnaissait aucune des constellations qu'elle avait apprises. De toute façon, elle n'avait jamais été passionnée par l'astronomie, et elle en connaissait si peu qu'elle n'arrivait pas à les trouver, tout simplement. Elle s'assit à côté du puits et serra ses genoux dans ses bras. La brise nocturne et le contact de la pierre fraîche lui firent du bien.

Une voix dans son dos la fit sursauter. Une voix désagréable et grinçante.

– Eh non ! Tu ne pourras jamais rentrer chez toi...

Elle se retourna le plus lentement possible. Sur la margelle en pierre, il y avait une tête de singe bleu, une tête sans corps, comme si elle avait été coupée et posée là, souriante.

– Tu n'as pas encore laissé tomber ? Tu le sais pourtant que tu ne pourras jamais rentrer... Tu voudrais bien rentrer chez toi, hein ? Tu voudrais bien revoir ta mère, hein ? Eh bien, tu peux toujours prier tant que tu voudras, tu ne pourras pas !

Yôko tâtonna autour d'elle mais elle avait laissé son épée dans la maison.

– Je te l'ai pourtant déjà dit, non ? Tu ferais mieux de te couper la tête ! Tout ira tout de suite beaucoup mieux ! Fini, tout ça ! Plus de chagrin, plus de regret, plus de douleur, fini !

– Je n'abandonne pas ! Un jour, je rentrerai chez moi ! Même si c'est dans longtemps…

Le singe éclata de son rire strident.

– Eh bien alors, débrouille-toi, c'est ton problème ! Mais laisse-moi te dire un truc, comme ça en passant…

– Non merci ! Ça ne m'intéresse pas ! coupa Yôko en se mettant debout.

– Ah bon ? Tu es sûre ? Dommage, c'est à propos de cette femme, pourtant…

– Cette femme ? Takki ?

Le singe eut un rictus déplaisant, babines retroussées.

– Tu ferais mieux de ne pas trop lui faire confiance…

– Qu'est-ce que tu racontes ?…

– Elle n'est pas aussi gentille que tu le crois… Encore heureux qu'elle n'ait pas mis de poison dans ta nourriture…

– Arrête ! Tu dis n'importe quoi !

– Tu crois ça ? Bah, je ne sais pas si elle va te tuer avant de te dévaliser ou si elle va plutôt te garder en vie pour te vendre comme esclave, mais en tout cas, quelque chose comme ça… Et toi, tu la remercies et tu lui es reconnaissante ! Quelle naïve tu fais, alors !

– Ça suffit !

– Oh, hé… moi, je te dis ça juste par gentillesse, hein ! Tu ne comprends toujours pas ? Tu n'as aucun ami, ici ! Personne pour avoir pitié de toi et t'aider. Même si tu meurs, personne ne te regrettera… Tu ferais mieux de crever d'ailleurs, je te le dis ! Tu déranges tout le monde, tu ne vois pas ?

Yôko le regarda avec colère. Mais le singe lui répondit en éclatant de rire.

– Je te le répète : si tu veux arrêter de souffrir, c'est pas compliqué, et ça ne prend pas longtemps…

Il rit encore une fois, puis devint soudainement sérieux.

– Je te conseille de la tuer… C'est pour ton bien.

– Pardon ?

– Cette bonne femme… Un bon coup d'épée, puis tu la détrousses et tu fous le camp, c'est vraiment ce que tu as de mieux à faire…

– Ça suffit, je te dis !

Après s'être esclaffé une dernière fois, il disparut telle une brume dispersée par le vent, comme il l'avait déjà fait quelques nuits auparavant, ne lui laissant que son rire perçant dans les oreilles.

Yôko regardait toujours dans la direction que le singe avait prise.

Peuh ! Comme si j'allais le croire... C'est de la calomnie, c'est tout... D'ailleurs, depuis quand faut-il croire tout ce qu'une espèce de monstre ridicule raconte ?

Le lendemain matin, Yôko se réveilla en sentant que quelqu'un la secouait. Elle ouvrit les yeux, reconnut la modeste chambre de Takki et cette grande femme qui la regardait d'un air assez embêté.

– Ça y est, tu es réveillée ? Tu dois être encore fatiguée, mais il faut te lever. Viens prendre ton petit déjeuner.

– Je suis désolée...

Elle se leva rapidement et resta un instant assise sur le lit. D'après la mine de Takki, elle pouvait deviner qu'elle avait dormi jusqu'à une heure avancée.

– Tu n'as pas besoin de t'excuser. Alors, es-tu prête à partir aujourd'hui ou préfères-tu remettre ton départ à demain ?

– Ça ira... Je peux partir aujourd'hui.

Takki lui sourit et lui indiqua du doigt l'autre lit.

– Je t'ai mis des vêtements sur mon lit. Tu vas pouvoir te débrouiller toute seule ?

– Je pense, oui...

– Si tu n'y arrives pas, demande-moi !

Takki sortit de la chambre, la laissant s'habiller seule. Yôko se leva et vint prendre les vêtements. Il y avait une jupe longue tombant jusqu'aux chevilles avec un cordon à serrer à la taille, une chemise à col kimono et une veste courte à mettre par-dessus. Cela fait toujours une drôle d'impression de mettre des vêtements étrangers et elle remua plusieurs fois les épaules et le cou pour y habituer son corps. Puis elle entra dans la salle principale où plusieurs plats étaient disposés sur la table.

– Oh ! ça te va bien ! l'accueillit Takki en posant un bol de soupe fumante. Dommage que ce soit un peu trop modeste pour une jeune comme toi… J'aurais dû garder mes vêtements de jeune fille.

– Pas du tout ! Ils me plaisent beaucoup. Merci !

– Ils sont un peu trop gais pour moi, et je pensais justement les donner à quelqu'un… Allons, mangeons ! Sers-toi bien, on a une bonne trotte à faire aujourd'hui !

– Oui…

Yôko s'inclina pour remercier et prit place à table. Quand elle eut les baguettes en main, pendant un très court instant, ce que le singe lui avait dit la nuit dernière lui revint à l'esprit. Mais cette scène ne semblait même pas réelle.

Takki est si gentille… Oui, le fait de m'avoir donné asile pourrait suffire à lui attirer des ennuis. Elle m'aide vraiment par gentillesse. Je n'ai pas le droit de douter d'elle.

5.

Elles se mirent en route peu après midi.

Le voyage jusqu'à Kasai fut très gai. Au début, Yôko avait peur chaque fois qu'elles croisaient quelqu'un, mais sur la recommandation de Takki, Yôko avait teint ses cheveux avec une décoction de racines, et personne ne faisait attention à elle. Au bout d'un moment au contraire, elle prit plaisir à croiser d'autres personnes sur le chemin.

Le pays ressemblait à la Chine ancienne. Mais à la différence de la Chine traditionnelle, il y avait toutes sortes de gens. Tous asiatiques bien sûr mais avec différentes couleurs de cheveux et de peau. Certains avaient la peau blanche comme des Européens, d'autres, noire comme des Africains. Certains avaient les yeux noirs, d'autres les yeux bleus. Quant à la couleur des cheveux, on en trouvait de toutes les nuances, au point que chaque personne semblait posséder sa propre couleur : l'un avait les cheveux rouge-violet, l'autre d'un bleu presque blanc, un autre encore de deux couleurs différentes.

Yôko avait commencé par trouver tout cela plutôt étrange mais s'y était en fait rapidement habituée. Cette variété était très amusante. Cependant elle ne remarqua personne qui avait les cheveux couleur de l'or pur de Keiki.

Les gens étaient vêtus comme dans la Chine ancienne : les hommes en veste et pantalon courts, les femmes en jupe longue. Parfois, elles croisaient des groupes vêtus différemment, à la mode asiatique bien sûr, mais sans qu'on puisse les rattacher à une culture ou à une époque précises. Takki lui apprit qu'il s'agissait de saltimbanques nomades et de forains.

Yôko pouvait marcher sans inquiétude. Takki indiquait le chemin, préparait les repas qu'elles prenaient sur le pouce, trouvait les auberges pour passer la nuit. Yôko n'ayant pas d'argent, c'est également Takki qui payait tout.

– Comment vous remercier ?... lui dit Yôko sur la route.

– Ce n'est rien ! C'est mon défaut d'aimer me mêler des affaires des autres, c'est tout ! lui répondit Takki en riant.

– Mais je ne peux rien faire pour vous en retour...

– Bah, grâce à toi, je vais revoir ma mère, ça fait longtemps que je ne l'ai pas vue.

Yôko recevait toute cette bonté avec gratitude.

– C'est parce que vous vous êtes mariée avec quelqu'un de Gôsô que vous habitez dans ce village ?

– Non, non, c'est seulement parce que j'ai été assignée à Gôsô.

– Assignée ?

– Oui, confirma Takki avec un hochement de tête. Quand on atteint ses vingt ans, on devient indépendant et l'administration attribue à chacun une rizière. Ma rizière à moi se trouvait dans ce village, voilà tout !

– Vous voulez dire que chacun reçoit une rizière en devenant adulte ?

– Exactement. Tout le monde pareil... Puis je me suis mariée avec un vieux qui habitait à côté. Mais nous avons divorcé quand notre fille est morte.

Yôko jeta un regard sur Takki qui gardait toujours son sourire. Effectivement, elle avait déjà parlé de ça...

– Je suis désolée... murmura Yôko.

– Il n'y a pas de quoi. J'ai laissé mourir l'enfant que le ciel m'avait donné, j'étais une mauvaise mère...

– Ça ne devait pas être votre faute...

– Les enfants sont un cadeau du ciel. Et si le ciel me l'a repris, c'est qu'il a jugé que je n'en étais pas

digne. Bah, qu'est-ce que tu veux, c'est que je suis incapable comme femme, bonne à rien… Mais pauvre petite, quand même…

Yôko ne savait quoi répondre et sourit timidement. Takki paraissait un peu triste.

– Ta maman aussi doit être malheureuse que tu aies disparu… J'espère que tu pourras vite rentrer chez toi.

Yôko approuva de la tête.

– Mais est-ce que c'est possible ? L'ancienne de Hairô disait que nul ne peut jamais retourner…

– Tu es venue, il doit bien y avoir un moyen de rentrer.

Le rire franc et gai de Takki réjouit Yôko et lui fit cligner des yeux.

– Ah oui, c'est vrai… dit-elle pour se convaincre.

– Mais oui, j'en suis sûre !… Ah, c'est par là.

Elles arrivaient au croisement de trois routes. Takki montra le chemin de droite. À chaque carrefour, une borne précisait la distance jusqu'à l'agglomération suivante. Les distances étaient indiquées en « li ». Sur la borne de ce croisement était écrit : *5 li*. Yôko se rappelait qu'en cours d'histoire japonaise, elle avait appris qu'un li correspondait à environ quatre kilomètres. Mais ici, un li avait l'air beaucoup plus court, à peine quatre ou cinq cents mètres. Cinq li, le village ou la ville suivante n'était donc plus très loin.

À voir la nature et les cultures autour d'elle, le pays n'avait pas l'air très riche, mais le paysage était agréable. La région était assez accidentée et l'on apercevait de hautes montagnes escarpées dont plusieurs sommets se perdaient dans les nuages. Cependant, Yôko ne vit nulle part de la neige. Le ciel semblait bas.

Il faisait beau et doux, des fleurs étaient écloses çà et là sur les bords des rizières et du chemin. Yôko en reconnut quelques-unes. Mais en tout cas, le printemps était plus avancé qu'à Tôkyô.

De temps à autre, au milieu de ce paysage pastoral, se détachait la silhouette de quelques maisons regroupées en petits hameaux. Takki lui apprit que l'on appelait cela des « villages », et que chaque maison était allouée à une famille en même temps qu'une rizière. Un peu plus loin, elles verraient une agglomération un peu plus importante, entourée de remparts. On appelait cela un « bourg », et c'est là que les gens des villages venaient habiter pendant l'hiver.

– On passe donc l'hiver dans une autre maison que celle qu'on occupe le reste de l'année, c'est ça ?

– Eh oui. Il n'y a rien à faire dans la rizière l'hiver. Quelques originaux restent au village tout l'hiver mais c'est quand même plus amusant d'être au bourg avec tout le monde. Et c'est plus sûr, aussi.

– Les remparts des bourgs, c'est pour se protéger des yôma ?

– Non, il est bien rare que les yôma attaquent les lieux habités. C'est plutôt pour se protéger des rebelles et des bêtes.

– Des bêtes ?

– Oui, les loups, les ours... Il n'y en a pas beaucoup par ici, mais dans certaines régions il y a même des tigres et des panthères. Ils descendent des montagnes pour chercher leur nourriture quand il n'y a pas assez à manger pour eux l'hiver.

– Comment font les gens pour habiter dans le bourg ? Ils louent un appartement ?

– C'est l'administration qui alloue à chacun un logement du bourg en même temps que la rizière et la maison au village, quand on devient adulte, à vingt ans. Mais la plupart le revendent ou le mettent en location à des commerçants et le reprennent juste pendant l'hiver.

– Ah bon...

Yôko et Takki arrivèrent enfin devant une ville protégée par de hauts remparts percés d'une seule porte à deux battants. Là se tenaient des gardes qui dévisageaient d'un air soupçonneux tous ceux qui empruntaient ce passage.

– Normalement, ils restent juste là sans rien faire, dit Takki. Mais aujourd'hui, ils ont l'air de contrôler plus particulièrement les jeunes filles à cheveux rouges. Ils doivent rechercher une kaikyaku évadée de Hairô...

Une fois passés les remparts, on tombait sur des bâtiments et des boutiques ou des échoppes serrés les uns contre les autres, le long des rues en damier. Yôko remarqua aussi qu'il y avait beaucoup de vagabonds et de clochards. Au pied des murailles, on trouvait également des familles entières qui logeaient sous une sorte de grande tente.

– Que font ces gens ici ? demanda Yôko. Je croyais que le gouvernement fournissait un logement à chacun...

– Ce sont des réfugiés du royaume de Kei... répondit Takki en fronçant légèrement les sourcils. Quelle pitié...

– Ils ont fui leur pays ?

– Oui. Le pays de Kei est en plein chaos, actuellement. Ils ont fui la guerre ou les yôma et se regroupent. Maintenant que le printemps est revenu, ils seront de plus en plus nombreux, tu verras...

– Il y a aussi des rebelles, ici ?

– Bien sûr. Kei n'est pas le seul royaume à être dévasté par les rébellions. Au nord, le royaume de Tai aussi. Il paraît que la situation est encore pire, là-bas...

Yôko écoutait en hochant la tête. En comparaison, le Japon était un pays très pacifique. Ici, la guerre civile sévissait et la sécurité publique n'était pas vraiment assurée. Il fallait se tenir prêt à plier bagage à n'importe quel moment. Plusieurs fois, Yôko et Takki s'étaient d'ailleurs fait aborder par des voyous qui s'étaient montrés parfois agressifs. Takki avait protégé Yôko et avait écarté les gêneurs en leur disant leurs quatre vérités sans se démonter. C'était sans doute pour cela qu'on ne sortait jamais de nuit dans la campagne. La ville fermait ses portes à la nuit tombée. Pour un voyageur, il était donc essentiel d'arriver dans une ville avant le coucher du soleil.

– Il faut quatre mois pour traverser un royaume et passer dans un autre, vous m'avez dit…

– Oui, c'est ça.

– Et il n'y a pas d'autres moyens de transport que de voyager à pied ?

– Les gens riches se déplacent parfois à cheval ou en charrette à bœufs, mais c'est absolument hors de portée pour des gens comme moi.

La vie ici n'était pas aussi prospère et développée que dans le monde que Yôko connaissait. Il n'y avait ni automobiles, ni gaz, ni électricité, ni eau courante. Elle se demandait même si le charbon et le pétrole existaient dans ce monde. Cela expliquerait sans doute le retard technologique de cette société.

– Mais alors, comment se fait-il que vous connaissiez quand même la situation dans les royaumes de Kei ou de Tai ? Vous y êtes déjà allée ?

– Tu plaisantes ? C'est impossible ! s'exclama Takki en riant. Les paysans ne voyagent pas beaucoup, chacun doit s'occuper de sa rizière... Ce sont les saltimbanques qui nous apportent des nouvelles des autres royaumes.

– Les saltimbanques nomades ?

– Oui, certains d'entre eux font le tour du monde. Et puis ils donnent parfois des spectacles qui s'appellent « romans » et qui racontent les choses qu'on voit dans les autres pays : « Et maintenant, mesdames et messieurs, voici ce qui arriva un jour dans tel ou tel royaume, dans telle ou telle ville, etc. » C'est comme ça qu'on est au courant de ce qui se passe ailleurs, dans une autre province ou dans un autre royaume.

Yôko avait entendu dire qu'autrefois dans son monde aussi, c'était grâce au cinéma que l'on avait des informations sur la vie dans les autres parties du globe. Peut-être ces « romans » jouaient-ils le même rôle.

En tout cas, elle avait vraiment de la chance d'avoir trouvé quelqu'un qui répondait à ses questions. Elle-même ne savait rien de ce vaste monde. Son ignorance lui faisait peur.

Voyager avec Takki, qui la protégeait, s'occupait de tout et lui expliquait tant de choses, était une vraie partie de plaisir ! Grâce à elle, ce monde incompréhensible et angoissant devenait intéressant et excitait sa curiosité.

Bien sûr, par deux fois, les sarcasmes du singe bleu et le mirage de l'épée avaient ranimé sa nostalgie et son angoisse, mais la tristesse avait été de courte durée. Au matin, en quittant le bourg où elles avaient passé la nuit, Yôko trouvait tant de choses nouvelles et merveilleuses autour d'elle, et Takki était toujours si gentille ! Grâce à la perle mystérieuse, Yôko ne sentait pas trop la fatigue bien qu'elle ait à marcher toute la journée. Mais marcher ne l'ennuyait pas car elle savait qu'au soir elle trouverait un bon repas et pourrait passer la nuit dans une auberge propre et accueillante.

Oui, elle avait perdu son pays… mais elle avait maintenant trouvé une protectrice bienveillante. Elle ne pouvait s'empêcher de remercier la chance qui lui avait fait rencontrer une femme pareille.

6.

Le voyage toucha bientôt à sa fin mais Yôko aurait voulu qu'il se poursuive encore. Le troisième jour, elles arrivèrent dans une ville immense, tel un gigantesque château au bord de la rivière. C'était la première fois qu'elle voyait une vraie ville dans ce monde.

– Waoh… que c'est grand !

Quand elles eurent passé la porte, en voyant Yôko regarder partout autour d'elle, Takki se mit à rire.

Dame ! C'est que Kasai est la plus grande ville de la région avec Takkyû, le siège de l'administration du district !

Takki lui expliqua qu'un district était plus grand qu'une préfecture, mais à vrai dire, cela ne l'avançait pas beaucoup car elle ne savait pas très bien quelle taille cela faisait. Takki elle-même n'en savait pas beaucoup plus. Quand on disait « les autorités » ou « l'administration » ou « le gouvernement », généralement, cela voulait dire en fait la mairie du bourg, ou la préfecture au maximum pour les affaires d'importance. Et on n'avait pas vraiment besoin d'en savoir plus sur les entités administratives supérieures.

La grande avenue qui, une fois la porte franchie, s'enfonçait dans la ville était bordée de boutiques. À la différence des bourgs que Yôko avait traversés jusque-là, ces magasins étaient vastes et luxueux et ressemblaient à ceux que l'on trouvait dans son monde à elle, en particulier dans les quartiers chinois. Elle fut même très étonnée de voir que certains bâtiments possédaient des vitres en verre. La fin de la journée était encore loin et il n'y avait pas foule sur l'avenue, mais elle pouvait imaginer la cohue que ce serait dans quelques heures quand sonnerait le moment de la fermeture des portes de la ville et que tous les voyageurs viendraient trouver refuge à l'intérieur des remparts.

Elle prenait plaisir à imaginer qu'elle allait dorénavant habiter dans une ville aussi animée. Si elle avait eu la possibilité de vivre dans un petit village tranquille, cela ne lui aurait pas déplu non plus, bien sûr, mais enfin, une grande ville avec son animation, c'était tout de même plus dans ses goûts.

Takki tourna à un angle de l'avenue et s'engagea dans un quartier d'apparence plus modeste. Les magasins étaient plus petits, l'atmosphère moins luxueuse et un peu défraîchie. Takki s'arrêta au milieu d'une rue commerçante devant un bâtiment assez cossu d'allure. Puis laissant Yôko à l'extérieur, elle s'approcha.

Le bâtiment, richement décoré, avait deux étages et présentait des piliers verts en façade. De l'autre côté de l'imposante porte d'entrée s'étendait une vaste salle à manger. Dès que Takki eut mis le pied à l'intérieur, un employé apparut pour l'accueillir.

– Appelle la patronne ! Tu n'as qu'à lui dire que sa fille Takki est là, elle comprendra...

Avec un large sourire, l'employé lui tourna le dos et disparut dans le fond de la salle. Takki fit signe à Yôko de venir et de s'asseoir à la table la plus proche.

– Assieds-toi. On va prendre quelque chose. Tu verras, la cuisine n'est pas mal du tout, ici.

– Vraiment, on peut ?

– T'inquiète pas, c'est ma mère qui régale ! Choisis ce que tu veux !

Mais Yôko ne comprenait pas bien le menu. Takki s'en aperçut sans doute et commanda deux ou trois plats en riant. Un garçon prit la commande, puis s'inclina et se retira. À ce moment apparut une femme assez âgée venant du fond de la salle.

– Maman ! s'écria Takki en se levant de sa chaise avec un grand sourire.

Pour toute réponse, la femme lui rendit son sourire, ce qui soulagea Yôko. La patronne avait l'air gentille. Son travail ne serait sans doute pas très dur.

– Yôko, attends-moi un moment ici, je vais parler avec ma mère… dit Takki.

– Oui… répondit Yôko en s'inclinant poliment.

Takki sourit encore puis rejoignit sa mère en trottinant. Yôko les vit disparaître au fond de la salle, riant et se frottant le dos l'une l'autre. Yôko rassembla les bagages que Takki avait laissés par terre près de sa chaise et examina la salle, l'esprit détendu.

Il n'y avait pas de serveuse. Tous les employés qui portaient les plats d'une table à l'autre étaient des hommes. La plupart des clients aussi, d'ailleurs. Certains l'épiaient d'un drôle d'air, ce qui la gênait. Au bout d'un moment, quatre hommes entrèrent dans l'établissement et s'assirent à sa table sans lui demander la permission, lui jetant des regards franchement grossiers. Ils chuchotaient entre eux et riaient vulgairement. Yôko se sentait de plus en plus mal à l'aise. Elle regardait désespérément vers le fond de la salle mais Takki ne réapparaissait toujours pas. Elle essaya de se contenir mais elle craqua quand l'un des hommes se leva et fit mine de se rapprocher d'elle pour la toucher. Elle lui échappa en attrapant au passage ses bagages et ceux de Takki.

Elle arrêta un serveur dans la salle.

– Pardon, où est allée Mme Takki ?

Le garçon pointa vaguement le doigt vers le fond de la salle. Yôko prit cela pour une invitation à aller voir elle-même, ce qu'elle fit sans que personne l'en empêche.

Là, elle suivit un corridor étroit et parvint à un renfoncement qui semblait donner sur l'arrière-salle de l'établissement. Malgré le vague sentiment de culpabilité qu'elle éprouvait en pénétrant dans cet endroit interdit au public, elle continua à avancer sans faire de bruit. Elle trouva une porte entrouverte, décorée de ciselures et d'enjolivures. Derrière, un paravent lui masquait le reste de la pièce. Elle reconnut la voix de Takki.

– Allez, quoi, pourquoi que tu hésites ? disait Takki.

– Tout de même, si c'est la kaikyaku que les autorités recherchent…

Yôko se figea sur place. La patronne hésitait. L'inquiétude la saisit.

Tant que je resterai une kaikyaku, je ne trouverai jamais de travail…

Elle hésita à passer de l'autre côté du paravent pour supplier elle-même la patronne de la prendre. Mais elles en seraient sans doute gênées. Elle ne savait quoi faire. En tout cas, elle ne voulait plus retourner seule dans la salle à manger.

– Une kaikyaku, oui, et alors ? reprit la voix de Takki. C'est juste une fille qui est venue se perdre ici par hasard et c'est tout. Les kaikyaku annoncent des malheurs ? Peuh ! C'est de la superstition, tout ça ! Tu ne vas pas me dire que tu crois à ces bêtises ?

– Non, mais si les fonctionnaires de l'autorité l'apprennent…

– Il suffit de ne rien dire, personne ne s'en doutera ! Et ce n'est pas elle qui ira se dénoncer, pas vrai ? Je te le dis, cette fille, c'est une affaire ! Jeune, une jolie gueule…

– Hum…

– … Et bien élevée avec ça… elle comprend vite, tu verras qu'elle saura rapidement y faire avec les clients. Et je te la laisse à ce prix-là, vraiment, je comprends pas ce qui te fait hésiter…

Yôko tendit l'oreille. La façon de parler de Takki était devenue bizarre tout d'un coup. Ce n'était pas bien d'écouter aux portes, Yôko le savait, mais quelque chose l'empêchait de se retirer sans entendre la suite. Petit à petit, un autre bruit commença à résonner dans ses oreilles, faible encore mais persistant. Un bruit de vagues et de houle…

– C'est que… tu sais, une kaikyaku…

– Mais c'est justement parce que c'est une kaikyaku que tu n'as rien à craindre ! Elle n'a ni parents, ni grand frère qui viendront te faire du scandale. Je te le dis, elle n'est enregistrée nulle part, c'est comme si elle n'existait pas, tu peux la traiter comme tu veux, personne ne viendra se plaindre…

– Et tu es sûre qu'elle veut vraiment travailler ici ?

– Elle me l'a dit elle-même. Je lui ai bien dit que c'était une auberge ! Alors, si elle se figure qu'elle va travailler comme serveuse, ça, c'est son problème, pas vrai ?

Yôko ouvrait toutes grandes ses oreilles mais n'arrivait pas à croire ce qu'elle entendait. Était-ce bien la voix de Takki ? Elle ne percevait plus la moindre trace de gentillesse ni d'amitié pour elle.

– Hum…

– Écoute, elle a bien vu les piliers verts de l'entrée. Si elle ne sait pas que les piliers verts sont la marque des bordels, c'est sa faute ! Allez, tope là et paye-moi !

Yôko en resta abasourdie. Elle serra ses bagages dans ses bras et encaissa le choc.

Le singe bleu me l'avait bien dit, je crois…
Quelle idiote j'ai été de rester sourde à ses conseils !

Son cœur battait à se rompre. Sa respiration lui brûlait la gorge. Le bruit de vagues en furie dans ses oreilles était assourdissant.

Tout ça n'était qu'un piège !

Elle serra plus fermement les deux baluchons de tissu. Elle prit sa respiration, se ressaisit en faisant le vide en elle, puis se retourna calmement. Elle reprit le couloir en sens inverse, traversa la salle à manger d'un air indifférent et sortit de l'auberge à grands pas.

En passant devant la porte, elle se retourna. Les piliers, les poutres et les encadrements de fenêtres étaient peints en vert. Elle s'aperçut finalement du style criard de l'ensemble. Elle serrait toujours dans ses bras les bagages de Takki avec les siens mais elle n'avait aucune envie de faire demi-tour pour les lui rendre.

Au même moment, une des fenêtres à l'étage s'ouvrit. Une femme vêtue d'un kimono très coloré et largement échancré sur la nuque se pencha à la balustrade décorée et regarda en bas. Son kimono très ouvert laissait presque voir sa poitrine et sa tenue débraillée ne laissait aucun doute sur sa profession.

Yôko frissonna. La femme à l'étage croisa son regard et referma la fenêtre avec un petit sourire de mépris. Yôko fut prise de dégoût.

7.

– Hé, poupée !

Yôko comprit que c'était à elle que la voix s'adressait. C'était l'un des quatre hommes qui s'étaient assis à sa table et qui se trouvait maintenant debout près d'elle.

– Alors, tu travailles ici, ma jolie ?

– Pas du tout ! répondit-elle d'un ton sec, avant de lui tourner le dos pour s'éloigner.

Mais l'homme lui saisit le bras et se planta devant elle pour lui barrer le passage.

– Non ? Ça m'étonnerait, ça… Une fille ordinaire ne vient pas manger dans un endroit pareil !

– La personne qui m'accompagnait connaissait la patronne, c'est tout !

– Tiens, tiens… une drôle de connaissance ! Elle serait pas plutôt venue pour te vendre à la maison, dis ?

L'homme voulut lui prendre le menton mais Yôko se dégagea du revers du bras.

– Ne me touche pas !

– Oh oh ! On a du caractère, je vois… fit l'homme en la tirant toujours par son autre bras. Allez, viens donc boire un coup avec moi, quoi !

– Pas question, lâche-moi !

– Allez, avoue, tu viens d'être vendue, pas vrai ? Bah, si tu veux t'échapper, je veux bien t'aider, moi… Alors ?

Yôko se libéra en frappant d'un coup violent le bras qui la tenait.

– Je ne travaille pas dans ce genre d'endroit et je n'ai pas été vendue, c'est clair ? dit-elle très sèchement.

Elle fit mine de s'éloigner mais l'homme la retint de nouveau par l'épaule. Un mouvement sec suffit pour se dégager une seconde fois. Mais l'homme revint à la charge. Cette fois, Yôko serra le poing sur la poignée de son épée. Yôko savait qu'elle possédait l'énergie de la mer en elle. Elle sentait cette mer en pleine tempête à l'intérieur d'elle-même, violente et furieuse, tourbillonnante comme un maelström. Elle ne désirait qu'une chose : que les vagues explosent en elle, et s'abattent sur cet homme !

– Je t'ai dit de pas me toucher ! répéta-t-elle en levant le bras.

Le tissu enroulé autour de l'épée s'ouvrit, laissant apparaître la lame nue. Surpris, l'homme recula d'un pas.

– Hé...

– Si tu ne veux pas te faire mal, laisse-moi passer !

L'homme regarda l'épée, puis Yôko, puis eut un sourire tordu.

– Holà, poupée... tu sais te servir d'un engin pareil, toi ?

Sans hésitation, Yôko pointa son épée droit sur la gorge de l'homme.

Attention, je griffe... Qui s'y frotte s'y pique !

– Écarte-toi et retourne à l'auberge ! Tes amis t'attendent...

Elle entendit des cris autour d'elle mais elle les ignora.

C'est normal : une lame nue levée sur quelqu'un au beau milieu de la rue, ça surprend, évidemment...

Elle ne se laissa pas effaroucher. L'homme regarda tour à tour la pointe de l'épée et les yeux de Yôko, recula petit à petit, puis se retourna pour fuir dans l'auberge. Au même instant, une voix de femme se mit à crier :

– Attrapez cette fille !

Yôko regarda d'où venait la voix. C'était Takki qui gesticulait, à l'entrée de l'auberge. Yôko sentit un goût amer monter du fond de sa gorge, quelque chose qui ressemblait étrangement au liquide rouge qui se diffusait dans la mer et qu'elle avait vu en rêve...

– Une rebelle ! Attrapez-la !

Le dégoût lui donnait envie de vomir. Le dégoût que lui inspirait Takki, qui l'avait trompée en se faisant passer pour une femme bonne et généreuse, mais aussi le dégoût d'elle-même, de s'être laissé si facilement berner.

La foule devenait de plus en plus compacte. Yôko se mit en garde et fit lentement tourner la lame devant les badauds. S'en tirerait-elle sans tuer personne cette fois ? Cela ne dépendait plus que de Jôyû. Pour sa part, elle était dans une telle rage qu'il lui importait peu de tuer quelqu'un.

> *Dans ce monde, je n'ai aucun ami... J'ai cru avoir trouvé de l'aide, j'ai remercié la chance qui m'avait fait rencontrer cette femme, je lui en ai été sincèrement reconnaissante, de tout mon cœur... Et tout ça, c'était du vide, il y a de quoi vomir !*

Elle aperçut des hommes qui se précipitaient sur elle. Un frisson parcourut ses membres. Son corps évoluait sans la moindre hésitation et se préparait à affronter tous ceux qui s'aviseraient d'entraver son chemin.

– Arrêtez-la ! C'est une catastrophe si je la perds !

C'était encore Takki, qui hurlait en pleine hystérie. Leurs regards se croisèrent, la traîtresse et la trahie. Sous le coup de ce regard, Takki ravala son cri et recula de deux pas, puis de trois, épouvantée.

Yôko évita un agresseur, puis un autre, elle frappa le troisième avec le plat de sa lame. Mais la foule autour d'elle devenait si nombreuse qu'elle siffla entre ses dents.

Vais-je pouvoir sortir de là sans faire un carnage ?

– Allez, quelqu'un ! J'offre une récompense à celui qui me l'attrape !

Takki avait repris du poil de la bête et vociférait, quand une clameur se fit entendre plus loin, derrière la foule. Des cris de terreur qui se rapprochaient.

– Que se passe-t-il ?

– Des rebelles !

– Non ! Là-bas…

Un mouvement se fit dans la foule. À l'autre bout de la rue, des gens se mirent à fuir dans tous les sens.

– Un yôma…

Yôko sentit un frémissement dans sa main.

– Un yôma !

– Un bafuku !

– Sauve qui peut !

Le cercle autour d'elle se rompit encore plus vite qu'il s'était formé. Yôko se mit à courir avec la foule.

Elle entendait des cris de plus en plus proches. Elle se retourna et vit un énorme fauve qui fondait vers elle en écrasant tous ceux qui se trouvaient sur son chemin.

C'était un tigre géant, avec un visage d'homme couvert de taches rouges. Yôko continua de courir, évitant les fuyards qui tentaient d'entrer dans n'importe quelle boutique.

Il était déjà tout proche. Yôko comprit qu'il était inutile de courir et s'arrêta. En voyant le visage humain du monstre, elle hésita un instant, mais elle se ressaisit et se prépara au combat, raffermissant sa prise sur la poignée de l'épée. Le fauve bondit sur elle comme une tornade. D'un mouvement souple sur le côté, elle l'évita et donna un coup d'épée de toutes ses forces à l'instant précis où il la frôla.

Le sang jaillit dans un bruit de fontaine. C'était la première fois qu'elle ne détournait pas les yeux au moment de l'impact et elle s'aperçut que le sang ne l'atteignait pas. Le corps rayé du monstre, foudroyé, s'effondra sur le côté. Yôko l'évita et se remit à courir.

La bête se redressa rapidement et bondit de nouveau à sa poursuite. Plusieurs fois, elle évita les attaques du monstre, jouant de souplesse autant que de son épée.

Yôko parvint enfin sur une grande avenue, où une foule compacte, qui ne comprenait pas très bien ce qui se passait, s'était formée.

– Écartez-vous ! cria Yôko.

La foule commença à se disperser en voyant le yôma s'approcher.

Qu'est-ce que…

Derrière la foule, légèrement en retrait, Yôko venait d'apercevoir un reflet doré. La distance était trop grande pour distinguer clairement les traits de son visage, mais elle savait maintenant que les cheveux blonds étaient rares dans ce monde.

– Keiki !

Sans réfléchir, elle se dirigea vers la silhouette, mais celle-ci disparut rapidement au milieu de la foule.

– Keiki ! ?

Soudain, le ciel s'obscurcit. C'était le tigre géant qui, d'un bond, passait au-dessus d'elle. Il retomba plus loin sur ses pattes de devant, écrasant plusieurs personnes qui se trouvaient là. Les cris des victimes s'ajoutèrent à ceux de la panique générale. Le chemin devant elle était maintenant barré.

Était-ce Keiki ? Ou…

Mais il n'était plus temps d'y réfléchir. Elle planta une nouvelle fois son épée au plus profond des flancs de l'animal puis, mêlée à la foule, quitta la ville de Kasai.

8.

– Alors, j'avais pas raison ?

La tête du singe bleu était posée sur une borne au bord de la route, en pleine nuit.

En quittant Kasai, Yôko avait hésité un moment avant de se décider à rester sur la route durant la nuit. Finalement, elle se retrouvait de nouveau telle une vagabonde solitaire. La seule différence, c'était que cette fois elle avait quelques affaires, en particulier les bagages de Takki qu'elle avait emportés avec elle. Fouillant dans le baluchon, elle trouva des vêtements et un portefeuille, qui contenait suffisamment d'argent pour les frais du voyage, les repas et l'auberge.

– Je te l'avais bien dit… Mais comme tu es bête, tu ne m'as pas écouté…

Elle l'ignora et poursuivit son chemin en silence. La tête du singe la suivit par petits bonds, en émettant une vague lueur blême. Yôko ne le regardait pas mais elle entendit son rire strident. Qu'elle avait été bien bête, elle était la première à le savoir et n'avait pas besoin de se l'entendre dire…

Car il y avait autre chose qui la préoccupait beaucoup plus que cette espèce de singe bleu : qui était cet homme blond qu'elle avait aperçu dans la foule à Kasai ? Et ce yôma qui était entré dans la ville…

Je croyais que les yôma ne s'approchaient pas des endroits habités ?… Ou en tout cas que c'était très rare… Takki disait bien aussi que les yôma n'apparaissent pas pendant la journée…

Les seuls yôma qu'elle avait aperçus de jour étaient le tigre géant de Kasai, les chiens qui avaient attaqué la charrette sur le chemin en venant de Hairô, et le kochô qui l'avait attaquée au lycée, c'était tout.

… Et comment se fait-il qu'à chaque fois, Keiki était présent sur les lieux ?

– Je te l'ai dit, tu t'es fait mener en bateau sur toute la ligne ! intervint le singe bleu avec un rire aigu, comme s'il lisait ses pensées.

Cette fois, elle ne pouvait plus faire semblant de l'ignorer.

– Non ! Je ne te crois pas !

– Oh si ! Réfléchis bien… Tu ne trouves pas tout ça louche, toi ?

Yôko se mordit les lèvres. Elle avait décidé de faire confiance à Keiki. Si elle cessait de croire qu'il était de son côté, alors pour le coup elle n'aurait plus personne à qui faire confiance, absolument plus personne dans ce monde.

Et pourtant, elle ne pouvait s'empêcher de douter de lui, compte tenu de ce qui s'était passé.

– Il t'a trompée ! Tout ça n'était qu'un piège ! Tout est sa faute !

– Non, ce n'est pas vrai !

– Remarque, je me mets à ta place, hein ! Je comprends bien que tu insistes... Parce que si c'est moi qui ai raison, eh bien, tu as un vrai problème, n'est-ce pas ?

Le singe se moquait d'elle.

– Keiki m'a protégée du kochô... Il est de mon côté !

– Ah bon, tu crois ? Mais est-ce qu'il t'a protégée dans ce monde ? Non, pas vrai ? Il t'a protégée une seule fois en tout et pour tout !

Yôko se tourna vers la tête du singe et le regarda droit dans les yeux. À l'entendre, il avait l'air d'être aussi au courant de ce qui s'était passé dans le monde de Yôko. Ce n'était pas normal.

– Une seule fois, tu dis ?

– Ben oui, dans ton monde à toi, quand le kochô t'a attaquée...

– Et comment tu sais ça, toi ?

Il éclata à nouveau de rire.

– Mais parce que je sais tout, je t'ai dit ! Je te connais dans les moindres détails ! Par exemple, je sais aussi que tu commences à douter de Keiki, même si tu aimerais bien lui faire encore confiance. Remarque, je te comprends, si j'étais à ta place, moi non plus je n'accepterais pas l'idée qu'il m'ait trompé depuis le début…

Yôko détourna les yeux et regarda le chemin sombre.

– Non ! c'est toi qui me trompes…

– Alors, pourquoi ne vient-il pas te sauver, hein ?

– Quelque chose doit l'en empêcher…

– Ah oui ? Et quoi donc, alors ? Il a juré de te protéger quoi qu'il arrive, non ? Réfléchis bien. C'était un piège, tu ne crois pas ?

– Mais pour les deux autres fois, rien n'est certain, ce n'était peut-être pas lui… Sans doute quelqu'un d'autre…

– Ah, tu crois ça ? Tu as vu d'autres blonds comme lui, ici ?

– Tais-toi ! Je ne veux plus t'écouter !

– Jôyû, lui, l'a bien reconnu ! C'est la preuve que c'était bien Keiki, ça !

Il connaît aussi Jôyû ?

Yôko le regarda de nouveau dans les yeux.

– Je te le répète : je sais tout !

Un mot lui revint à l'esprit :

Taiho...

Elle ne pouvait oublier le ton alarmé, effrayé de la voix qui avait appelé Keiki ainsi. Elle secoua la tête. Ce n'était pas du cinéma, à ce moment-là le danger était bien réel et Keiki cherchait réellement à protéger Yôko...

– Non... Tu te trompes. Keiki n'est pas mon ennemi...

– Tu crois ? Tu crois vraiment ? Bah, je souhaite que tu aies raison, remarque...

– Ça suffit ! cria Yôko pour couper court aux sarcasmes.

Le singe rit encore une fois à gorge déployée. Puis il s'arrêta brusquement et chuchota :

– Alors... disons les choses autrement...

– Non ! Je ne veux plus t'écouter !

– ... C'est Keiki qui envoie les yôma t'attaquer...

Yôko fut comme paralysée sous le choc. Ce fut au tour du singe, de regarder Yôko droit dans les yeux.

– C'est... c'est impossible...

– Tu en es sûre ?

– Pour... pourquoi ferait-il ça ?

Un rictus ironique tordait la bouche du singe.

– ... Pour quelle raison Keiki ferait-il une chose pareille ? C'est lui qui m'a sauvée du kochô... c'est lui aussi qui m'a donné l'épée et qui a fait s'introduire

Jôyû en moi… C'est grâce à lui si je suis encore en vie ! S'il voulait me tuer, il n'avait qu'à me laisser me débrouiller toute seule.

– Il dirige les attaques contre toi… et il te sauve ! Méthode très efficace pour devenir ton ami, tu ne crois pas ?

Yôko se mordit les lèvres.

– Mais s'il veut me tuer, il devra d'abord récupérer Jôyû…

– Hum… À moins que son but ne soit pas de te tuer…

– Que… que veut-il, alors ?

– Ma foi… Tu le découvriras bientôt, je pense… parce que les attaques vont continuer, tu parles !

Yôko lui lança un regard noir et pressa le pas.

– Tu ne rentreras jamais chez toi ! fit-il dans son dos. Tu ne rentreras jamais et tu mourras ici !

– Non !

– Ah bon ? Ce n'est pourtant pas si terrible… la douleur ne dure qu'un instant ! Hin hin hin !

– Tais-toi ! cria Yôko, mais son cri se perdit dans la nuit.

Quatrième partie

1.

Yôko continua à marcher sur la route pendant deux jours en compagnie du singe bleu, cherchant simplement à s'éloigner le plus possible de Hairô et de Kasai.

La surveillance aux portes de chaque agglomération était renforcée, le contrôle des voyageurs plus sévère. Les autorités savaient sans doute déjà que la kaikyaku qui s'était évadée de Hairô avait été repérée à Kasai. Il était en particulier difficile de pénétrer dans les villes de moindre importance, car, les voyageurs y étant moins nombreux, il n'était pas possible de passer inaperçu en se mêlant à la foule.

Yôko n'avait donc pas d'autre choix que de continuer à marcher et à dormir sur le bord de la route. Le troisième jour enfin, elle arriva devant une ville beaucoup plus grande que Kasai, entourée de hautes et épaisses murailles. Sur le panneau horizontal placé au-dessus de la porte de la ville, elle put lire son nom : Takkyû. Elle se rappela que Takki lui avait dit que Takkyû était le siège de l'administration du district de Rokô.

À Takkyû, le commerce était florissant et les boutiques débordaient même des remparts. Dans les villes qu'elle avait vues jusque-là, les rizières commençaient dès que l'on sortait de la ville, pour ainsi dire au pied de l'enceinte, mais à Takkyû, des marchands s'étaient regroupés et avaient installé leurs tentes devant la porte ou sous les remparts. Tout le chemin autour de la ville était ainsi encombré de marchands et d'acheteurs. On pouvait trouver les produits les plus divers sous ces tentes grossières. À peu de distance de la porte de la ville, sans chercher bien longtemps, Yôko remarqua une tente qui proposait des vêtements en vrac. Elle décida d'acheter des vêtements d'homme. En effet, il pouvait être dangereux pour une fille de voyager seule. Certes, grâce à Jôyû, elle pouvait facilement se tirer des mauvais pas, mais le mieux était encore de ne pas s'attirer d'ennuis.

Yôko acheta un pantalon court et une sorte de kimono qui descendait jusqu'aux genoux, tous les deux en grosse toile. C'étaient des habits de paysan, mais elle avait remarqué que beaucoup de pauvres gens ainsi que des réfugiés du royaume de Kei étaient vêtus ainsi, y compris de nombreuses femmes.

Elle s'éloigna un peu de la ville et se cacha dans un fourré pour se changer sans être vue. Les rondeurs de son corps avaient déjà quelque peu fondu, et elle put entrer sans difficulté dans ces vêtements d'homme. À demi amusée, elle remarqua comment quelques jours à peine avaient suffi pour faire fondre les bourrelets dont elle n'était jamais parvenue à se débarrasser. L'angoisse du pèse-personne l'avait empêchée de persévérer plus de quelques jours dans chacun des régimes qu'elle avait essayés, mais maintenant qu'elle était obligée de faire travailler ses bras et ses jambes, elle admirait avec plaisir le galbe de ses muscles.

Soudain, elle aperçut la couleur bleu délavé d'un vêtement teint en indigo naturel. La couleur des jeans. Elle avait toujours voulu avoir des jeans.

Un jour, quand elle était encore en primaire, il y avait eu une sortie sportive organisée par son école. Plusieurs compétitions devaient avoir lieu, en particulier une course de relais de cross-country qui opposerait l'équipe des filles à celle des garçons. Yôko qui n'avait que des jupes, avait demandé à sa mère de lui acheter un jean. Quand son père l'avait trouvé, il s'était mis en colère.

– Je n'aime pas voir une fille porter ce genre de choses.

– Mais toutes les filles ont des jeans, à notre époque !

– Eh bien, je n'aime pas ça ! Les filles qui s'habillent comme des garçons et qui parlent comme des garçons, je trouve ça honteux !

– Mais on va faire une compétition… Je ne pourrai pas gagner si je suis en jupe !

– Et alors ? Les filles n'ont pas à gagner contre les garçons !

Yôko avait voulu répliquer, mais sa mère l'avait arrêté. Elle s'était incliné profondément devant son mari.

– Excuse-moi. Yôko, excuse-toi aussi devant ton père.

Le père leur avait ordonné de rendre le jean au magasin.

– Non, je ne veux pas !

– Yôko, sois sage !

– Mais pourquoi est-ce que je dois m'excuser ? Je n'ai rien fait de mal !

– Quand tu te marieras, tu comprendras. Fais ce que je te dis, c'est pour ton bien.

Yôko sourit au souvenir de cette scène. Si son père la voyait aujourd'hui, il ferait certainement la grimace : sa fille habillée en homme, maniant l'épée et dormant au besoin à la belle étoile. Il serait certainement rouge de colère…

Eh oui, il est comme ça, Papa…

« Une jeune fille doit toujours être pure et mignonne, fidèle et docile… docile au point

d'être timide, ça ne fait pas de mal... Pas besoin d'être savante ni forte, pour une fille... »

Yôko elle-même l'avait toujours cru...

Mais c'était une erreur !

Rester toujours gentille et obéissante, vraiment ? Par exemple, il aurait fallu que je me laisse vendre par Takki ?

Elle serra fermement son poing sur l'épée, enveloppée dans son tissu. Si elle avait eu un peu plus de force de caractère, elle aurait pu résister à Keiki quand celui-ci était venu la chercher au lycée. Au moins, elle aurait dû avoir le courage de lui demander ce qu'il lui voulait exactement, et où il l'emmenait. Si elle avait eu un tout petit peu plus d'indépendance d'esprit, elle aurait pu lui poser des questions sur ce monde mystérieux, et exiger qu'il lui dise quand elle pourrait rentrer chez elle. Et aujourd'hui, elle ne se sentirait pas aussi désemparée...

Sans fermeté, sans force, il était impossible de survivre ni de préserver son intégrité physique. Tirer parti de son intelligence et de ses capacités physiques pour survivre, voilà ce qui importait, même pour une fille.

Pour survivre...

Survivre et rentrer chez elle, c'était le seul espoir qui lui restait.

Elle apporta au marchand les vêtements de Takki et ceux qu'elle venait d'enlever et les vendit pour une somme modique. Serrant cet argent dans sa main, elle se mêla à la foule et passa la porte. Les gardiens ne lui adressèrent même pas la parole. Elle s'enfonça sans attendre vers le bout de la ville. Voyager avec Takki lui avait appris une chose : les auberges sont moins chères quand on s'éloigne de la porte.

– Qu'est-ce que je te sers, jeune homme ?

Un employé de l'auberge dans laquelle elle venait d'entrer l'avait abordée. Elle sourit intérieurement. Il venait prendre la commande, car en général, les auberges faisaient aussi restaurant.

– Avez-vous une chambre de libre ?

L'employé la dévisagea.

– Tout seul, jeune homme ?

Yôko confirma de la tête.

– C'est cent sen. Tu as de quoi payer ?

Elle montra juste son porte-monnaie sans rien dire. Elle savait qu'en principe on paie seulement après.

Dans ce royaume, l'argent était constitué de pièces rondes et carrées. Les pièces carrées avaient plus de valeur que les rondes. L'unité était le sen. La valeur était gravée en caractères chinois sur chaque pièce. Takki lui avait dit qu'il existait aussi des pièces d'argent et d'or, mais apparemment on n'utilisait pas de billets.

– Tu manges quelque chose ?

Yôko refusa. Dans une auberge, seule l'eau du puits était gratuite. Prendre un thé, prendre un bain, tout cela était en supplément. Takki lui avait montré qu'il était plus économique de manger dans une baraque bon marché avant de trouver une auberge, et c'est ce qu'elle avait fait avant d'entrer en ville.

Le garçon fit une moue et cria sèchement vers le fond de la salle :

– Hé ! Montre donc une chambre à ce jeune homme !

Un homme âgé apparut alors du fond de la salle et s'inclina profondément. Il fit signe de la tête à Yôko de le suivre, sans un sourire. Elle était contente : elle venait de réussir à louer toute seule une chambre dans une ville inconnue. Elle suivit le vieil homme.

2.

Ils montèrent au troisième étage par un escalier situé au fond de l'établissement. La plupart des bâtiments étaient en bois et n'avaient que deux étages. Celui-ci en avait trois, mais le plafond était très bas. Yôko pouvait le toucher rien qu'en tendant le bras. Quelqu'un d'un peu grand comme Takki aurait eu du mal à se tenir debout.

La chambre de Yôko ne faisait pas plus de quatre mètres carrés. Le sol était fait de planches et du plafond pendait une étagère sur laquelle reposait un futon plié et quelques draps et couvertures légères. Il n'y avait pas de lit. Le futon devait se poser à même le sol. L'étagère prenait de la place, si bien qu'on était obligé de s'agenouiller dessous pour préparer le futon. Comme dit le proverbe : « Un mètre carré suffit pour se tenir debout, mais il en faut deux pour se coucher. » Quand elle avait voyagé avec Takki, elles s'étaient arrêtées dans des auberges plus propres, avec des chambres plus hautes de plafond et qui disposaient d'une table et de lits. Mais cela coûtait environ cinq cents sen et Yôko n'avait pas assez d'argent.

Le quartier ne devait pas être très sûr non plus, car la porte avait une serrure à l'intérieur et à l'extérieur de la chambre. Le vieil employé lui remit la clé et s'en retourna. Yôko l'arrêta.

– Pardon, où se trouve le puits ?

Le vieil homme se retourna, les yeux écarquillés, l'air effaré. Il détailla la jeune fille des pieds à la tête.

– Euh, je voudrais utiliser le puits... répéta Yôko.

Mais il ne semblait pas entendre et restait là, bouche bée.

– Tu parles japonais ?... fit-il enfin en s'approchant à petits pas. Tu... tu viens du Japon ?

Il prit Yôko par le bras. Elle ne savait quoi répondre.

– Tu es un kaikyaku ? Quand es-tu arrivé ici ? D'où viens-tu ? Dis-moi encore quelque chose !

Ce fut au tour de Yôko d'ouvrir de grands yeux.

– S'il te plaît, parle-moi encore ! Ça fait si longtemps que je *n'avons* pas entendu parler japonais...

– Euh...

– Moi aussi, je *venons* du Japon ! Allez, parle-moi encore !

Des larmes perlèrent soudain dans les yeux caves et ridés du vieillard. Yôko se sentit elle aussi au bord des larmes. Quelle coïncidence ! Se trouver ainsi au milieu d'une grande ville, deux compatriotes en terre étrangère…

– Vous êtes aussi un kaikyaku, monsieur ?

Le vieillard confirma plusieurs fois en hochant vivement la tête. Ses mains noueuses serraient fort les bras de Yôko. Cette force exprimait toute la solitude de cet homme, et Yôko lui serra les mains en retour.

– Du thé… murmura-t-il d'une voix tremblante. Tu veux du thé ?

Yôko hésita.

– C'est rien que du thé, tu n'en veux pas ? J'en *n'avons* pas beaucoup, mais c'est du thé vert, comme au Japon ! Je te l'apporte tout de suite… D'accord ?

– Oui… merci…

Le vieil homme revint quelques instants plus tard avec deux tasses. Ses yeux étaient tout rougis.

– Il n'est pas très bon, pour sûr…

– Merci beaucoup, monsieur.

Le parfum bien sec du thé vert transportait avec lui tant de nostalgie… Tout en s'asseyant devant elle, le vieil homme regarda Yôko avaler une gorgée en souriant comme s'il s'agissait d'un précieux breuvage.

– Quel bonheur… *Je venons* de dire que *j'étions* malade. Comme ça, *j'avons* pas besoin de travailler ce soir. Alors, jeune homme… ou plutôt jeune fille, n'est-ce pas ?… comment que tu t'appelles ?

– Nakajima Yôko.

Le vieil homme cligna des paupières d'un air heureux.

– Moi, mon nom c'est Matsuyama Seizô… Dis-moi, mademoiselle, mon japonais n'est pas bizarre ?

Yôko le rassura de la tête, même si intérieurement elle trouvait qu'effectivement sa façon de parler était un peu bizarre. Un fort accent régional sans doute. De toute façon, ça ne la gênait pas pour comprendre à peu près ce qu'il disait.

– Vraiment ?

Il paraissait heureux d'entendre qu'il n'avait pas encore oublié sa langue maternelle. Il riait et pleurait en même temps.

– Où donc que tu es née, alors ?

– À Tôkyô…

Le vieux Seizô serra plus fort la tasse dans sa main.

– À Tôkyô ? Mais alors… Ça veut dire que Tôkyô existe encore ?

– Pardon ?

Il essuya sa joue avec le col de sa veste.

– Moi, je suis de Kôchi. Mais *j'avons* été transporté dans ce monde à l'époque *que* j'étais à Kuré.

– Kuré ?

– Oui, Kuré, à côté de Hiroshima, tu ne connais pas ?

Yôko essaya de se souvenir de son cours de géographie.

– Je crois que j'ai déjà entendu ce nom…

Le vieillard eut un rire un peu gêné.

– Oui… Il y avait un port militaire là-bas. Des usines d'armement. Moi, *je travaillions* au port.

– Vous aviez déménagé de Kôchi à Hiroshima, alors ?

– Oui, c'est ça. Les parents de ma mère habitaient à Kuré. Et le 3 juillet, notre maison a été détruite dans un bombardement aérien. C'est pour ça que *j'avons* été confié à mon oncle à Kuré. Mais *je voulions* pas être une bouche inutile alors *je m'étions* placé pour travailler dans les usines d'armement du port. Mais là aussi, on a été bombardés. La plupart des navires ont coulé, et moi aussi, *j'étions* tombé dans l'eau…

Yôko comprit enfin : il était en train de parler de la guerre, la Seconde Guerre mondiale…

– … Et quand *j'étions* revenu à moi, *j'étions* dans la mer de Kyokai. *J'avons* dérivé et finalement *j'avons* été rescapé.

Il ne prononçait pas tout à fait « Kyokai ». Il disait plutôt « Kokai ».

– Ah, je vois…

– Jusqu'à ce fameux jour, on avait déjà été bombardés plusieurs fois. Mon usine était déjà presque complètement détruite. Le port aussi. La plupart des navires étaient hors de service, et d'abord, on ne pouvait même plus traverser la mer intérieure de Seto-Naikai ni la passe de Suô-Nada qui étaient déjà toutes minées par les Américains…

Yôko écoutait en hochant la tête.

– … On m'a dit que Tôkyô avait été bombardée en mars et en juin. Et Ôsaka aussi. Luzon et Okinawa aussi sont tombées. Finalement, je ne croyais plus à la victoire… Alors, on a perdu, c'est ça ?

– Oui…

Le vieil homme poussa un soupir.

– Je m'en doutais, mais je voulais savoir la vérité, quand même…

Yôko avait du mal à comprendre de quoi il parlait. Ses parents à elle étaient eux-mêmes nés après la guerre, et elle n'avait pas de grands-parents qui pouvaient lui parler de cette époque. Pour elle, la guerre n'était rien de plus qu'un morceau d'un monde qui ne lui était pas familier, un monde qui n'existait que dans les livres d'histoire, dans les films et à la télé.

Mais ce que lui racontait le vieil homme lui était moins incompréhensible que le monde où elle se trouvait maintenant. Si elle ne pouvait pas clairement visualiser tout ce que le vieil homme disait, elle avait cependant entendu parler de ces lieux et de ces événements. Cela lui faisait plaisir d'entendre ces noms.

– Tôkyô existe toujours, tu dis ? Donc, le Japon est devenu une colonie américaine, finalement, c'est ça ?

– Mais non, pas du tout !

La question avait presque choqué Yôko qui ouvrit de grands yeux. De son côté, le vieil homme était aussi perplexe qu'elle.

– Ah bon ? Ah, bon… Mais dis-moi, qu'est-ce que tu as à tes yeux ?

Yôko mit une seconde avant de comprendre ce qu'il voulait dire. Puis elle se rappela que ses yeux étaient devenus verts.

– Non, c'est rien. C'est…

Elle cherchait ses mots. Mais le vieil homme baissa les yeux et secoua la tête.

– C'est bon, c'est bon… si tu ne veux pas parler, tu n'es pas obligée ! J'ai juste pensé comme ça que le Japon était sans doute devenu une colonie des États-Unis, si on a perdu la guerre, c'est tout. Si je me suis trompé, ce n'est pas grave.

Yôko comprenait que cet homme, pendant de longues années, s'était inquiété du sort qu'avait connu son pays, la patrie dont il avait été arraché. Yôko non plus ne savait pas ce que devenait le Japon depuis son départ, mais la différence, c'est qu'elle avait quitté un pays en paix, alors que lui l'avait laissé en pleine guerre, au bord de la défaite. Il était bien naturel que son inquiétude soit plus profonde que la sienne.

Se retrouver jeté dans un monde inconnu comme celui-ci était déjà un grand malheur. Et par-dessus le marché, vivre quarante ans sans connaître l'issue de la guerre. Elle éprouvait une tristesse physique en imaginant les affres et la douleur qu'il avait dû endurer.

– Sa Majesté est indemne ?

– Vous voulez dire l'empereur Shôwa ? Non, il n'a rien eu, mais il est mort maintenant. Pardon, je veux dire… il est déjà décédé.

Elle s'était trompée de mot pour parler de l'empereur, oubliant qu'on ne parle pas de Lui avec des mots triviaux, et ne sachant pas très bien non plus quelles étaient les formules consacrées.

À cette annonce, le vieux Seizô leva la tête, puis s'inclina profondément pour marquer son respect. Il s'essuya les yeux du bout des doigts. Yôko hésita, puis lui passa la main dans le dos. Il ne la repoussa pas. Elle caressa le dos osseux comme on caresse un enfant pour le consoler.

3.

– Faut que tu m'excuses… Les vieux, ça pleure facilement, tu sais…

Yôko acquiesça de la tête, sans rien dire.

– … Et ça s'est fini quand ?

– Pardon ?

Le vieil homme lui adressa un regard, mais elle ne sut pas l'interpréter.

– La grande guerre d'Extrême-Orient, ça a fini quand ?

– En 1945…

– Je ne sais pas compter les années comme ça. En quelle année de Shôwa ?

Yôko dut réfléchir et se rappeler ce qu'elle avait appris en histoire pour l'examen d'entrée au lycée.

– En l'an 20 de Shôwa.

– L'an 20 de Shôwa ? répéta le vieux Seizô en ouvrant des yeux incrédules. Mais, l'an 20 de Shôwa, c'est aussi l'année où j'ai été transporté ici ! ? Quelle date exactement ?

– En août... Capitulation du Japon : 15 août de l'an 20 de Shôwa.

Elle le vit serrer le poing pour ne pas crier.

– Le 15 août...

– Oui...

– Moi, je suis tombé dans la mer le 28 juillet...

Il fixa ses yeux droit sur ceux de Yôko.

– ... À peine deux semaines plus tard...

Yôko confirma sans un mot. Elle ne trouvait aucune parole qui puisse aider le vieil homme à supporter cette douleur. Il s'était angoissé pendant quarante ans sur l'issue de la guerre, sans savoir que celle-ci s'était achevée à peine deux semaines après sa disparition. Elle l'écouta énumérer tout ce qu'il avait perdu à cause de cette guerre.

La nuit était déjà bien avancée quand le vieux Seizô commença à poser des questions à Yôko, si elle avait de la famille, comment était sa maison, comment était sa vie quotidienne. Yôko avait du mal à répondre correctement, car il lui fallait toujours prendre en compte le fait qu'elle s'adressait à quelqu'un qui avait quitté le Japon bien avant sa naissance.

Est-ce qu'elle aussi devrait finir sa vie dans ce monde, sans jamais rentrer dans son pays ? Elle pouvait déjà s'estimer heureuse d'avoir rencontré assez rapidement un autre kaikyaku comme elle. En comparaison de Matsuyama Seizô, qui avait passé quarante ans sans rencontrer personne avec qui partager des souvenirs de son pays, oui, elle avait de la chance.

– Qu'est-ce que j'ai fait pour mériter ça, je me demande... disait le vieux Seizô, assis en tailleur, une main soutenant sa tête, le coude appuyé sur son genou. J'ai perdu tous mes amis, ma famille, pour me retrouver dans ce monde si bizarre... Je pensais que de toute façon je mourrais dans les bombardements, et en fait, à peine deux semaines plus tard...

Yôko ne répondit toujours rien.

– Après la guerre, j'aurais pu vivre tranquille... et à la place, sans avoir jamais mangé à ma faim, sans avoir jamais été heureux, je me suis retrouvé ici...

– Oui...

– J'aurais mieux fait de mourir sous les bombes... Ici, je ne comprends rien à ce pays, rien à sa langue... Tout est incompréhensible...

Yôko fut surprise.

– Vous ne comprenez pas la langue ?

– Presque rien. Même après toutes ces années, je baragouine juste vaguement. À cause de ça, je n'ai pas pu trouver un travail correct...

Il s'interrompit un instant, et posa un regard incrédule sur Yôko.

– ... Tu comprends le langage d'ici, toi ?

– Oui… Tout le monde parle en japonais, non ?

– Tu plaisantes ?

Il était stupéfait.

– Du japonais, ça ? Aujourd'hui, c'est la première fois depuis que je suis dans ce monde que j'entends parler japonais, à part ma propre voix quand je parle tout seul. Je ne comprends rien à ce que les gens disent ici. J'ai l'impression que leur langue ressemble un peu au chinois, mais ce n'est pas pareil non plus.

– Mais ils écrivent en caractères chinois, n'est-ce pas ?

– Oui, mais leur langue n'est pas du chinois. Il y avait des Chinois au port de Kuré, je me souviens que ce n'était pas comme ça qu'ils parlaient.

Comment est-ce possible ?…

Tout était confus dans sa tête. Elle le regarda dans les yeux.

– Moi, depuis que je suis arrivée, je n'ai eu aucun problème de langue. Pourtant, je ne parle que le japonais…

– Tu veux dire que tu as compris ce que disaient les employés de l'auberge ?

– Oui.

Il hocha la tête d'un air dubitatif.

– Pourtant, ce que tu entends ici n'est pas du japonais. Dans cette auberge, personne ne parle japonais.

Mais alors, comment se fait-il que je comprenne tout ?

Toutes les paroles qu'elle avait entendues jusqu'à présent avaient été dites en japonais, la langue qu'elle parlait, et d'ailleurs la seule langue qu'elle connaissait. Et pourtant, le vieux Seizô lui disait que ce n'était pas du japonais...

– Nous sommes bien dans le royaume de Kô, n'est-ce pas ? Kô, ça s'écrit avec le caractère qui veut dire « habile », n'est-ce pas ?

– En effet.

– Et nous, nous sommes des kaikyaku, n'est-ce pas ? Nous venons de l'autre côté de la mer de Kyokai, c'est bien ça ?

– C'est bien ça.

– Et nous sommes ici à Takkyû, qui est le siège de l'administration du district, c'est bien ça ?

– Le district ? Qu'est-ce que c'est ?

– Eh bien, à peu près la même chose qu'un département au Japon.

– Un département ?

– Oui. Là où siège le préfet.

– Il n'y a pas de préfet ici. Le chef d'un « ken » s'appelle un « kensei ».

Quoi ?...

– Mais tout le monde m'a parlé du « préfet »...

– Non, ça n'existe pas, ça...

– … On passe l'hiver dans un « bourg » ; au printemps, on va au « village »…

– Non, on passe l'hiver dans un « ri » ; au printemps, on va au « ro ».

– Mais j'ai…

Le vieil homme la fixa du regard.

– Mais tu es qui, toi ?

– Moi ? Je…

– Tu n'es pas le même genre de kaikyaku que moi ! Moi, j'étais seul ici. Je suis arrivé je ne sais comment dans ce monde dont je ne connais ni la langue ni les coutumes, je n'ai jamais pu avoir ni femme ni enfant, je suis resté complètement seul…

Comment tout cela est-il possible ?

Yôko cherchait à comprendre. Mais elle avait beau étudier le problème sous toutes ses facettes, elle ne parvenait pas, avec ce qu'elle avait jusqu'à présent appris de la réalité, à trouver la moindre explication.

– De l'enfer de la guerre, je suis tombé dans cet enfer-ci. Comment ça se fait qu'une fille comme toi, qui n'a rien connu de la guerre, qui a toujours vécu en paix en profitant de notre sacrifice à nous… hein ! ? De quel droit tu peux vivre aussi facilement dans ce monde aussi, hein ? Ce n'est pas juste !

– Je n'y comprends rien ! cria Yôko, au comble de la confusion.

– Qu'est-ce qui se passe ici ? fit une voix à l'extérieur.

Le vieux Seizô mit soudain un doigt sur sa bouche et fit signe à Yôko de se taire. Elle se tourna vers la porte.

– Pardon, je suis désolée, il n'y a rien…

– C'est bon pour cette fois, mais pensez aux autres clients qui essaient de dormir !

– Pardon, je vais parler plus bas…

Ils entendirent un bruit de pas s'éloigner et Yôko fut rassurée. Le vieux Seizô lui lança un regard sévère.

– Et là, tu as compris ce qu'il disait ?

– Oui.

– Pourtant, il parlait la langue d'ici…

– Et moi, en quelle langue ai-je répondu ?

– Pour moi, c'était du japonais.

– Mais il a compris quand même…

– C'est vrai…

Yôko ne parlait et n'entendait qu'une seule et même langue. Mais ce n'était pas le cas de tout le monde. Comment cela était-il possible ?

Le vieux Seizô se radoucit.

– Toi, tu n'es pas une kaikyaku… Pas une kaikyaku normale, en tout cas…

Yôko remarqua qu'il ne prononçait pas tout à fait « kaikyaku » comme elle l'avait entendu par les gens d'ici. Elle se rappelait avoir déjà noté la même chose tout à l'heure avec le mot « Kyokai ».

– … Comment se fait-il que tu comprennes le langage d'ici, toi ?

– Je ne sais pas…

– Tu ne sais pas, tu dis ?

– Non, je n'y comprends rien… Pourquoi fallait-il que je vienne dans ce monde, pourquoi suis-je différente de vous…

… Pourquoi mon corps aussi s'est-il transformé… pensa-t-elle dans sa tête en touchant ses cheveux devenus raides à cause de la teinture.

– Comment faire pour rentrer ?

– Oh, on peut dire que je l'ai cherché, le moyen de rentrer… Et la réponse est très simple : on ne peut pas.

Il eut un rire amer.

– … Si on pouvait rentrer, je ne *serions* pas ici. D'ailleurs, depuis tout ce temps, si je *rentrons* maintenant, je *serions* complètement perdu au Japon aussi, comme dans le conte de Urashima Tarô…

Yôko trouva que son visage s'était soudain détendu. Sans doute venait-il d'accepter son sort et d'en retirer une certaine sérénité.

– … Et alors, mademoiselle, où vas-tu aller, toi ?

– Je ne sais pas… Puis-je vous poser une question ?

– Bien sûr.

– Vous n'avez jamais été arrêté par les autorités ?

– Arrêté ?

Il réfléchit quelques instants.

– Ah, c'est vrai qu'ici ils arrêtent les kaikyaku… Non, je n'ai pas été arrêté, parce que je suis arrivé dans le royaume de Kei, pas ici.

– Quoi ?

– Tous les royaumes ne traitent pas les kaikyaku de la même façon. Moi, je suis arrivé dans celui de Kei, et j'ai pu obtenir facilement un état civil. J'y habitais jusqu'à l'année dernière, mais la reine est morte et, depuis, le pays a sombré dans le chaos. Je ne pouvais plus vivre là-bas, alors j'ai émigré.

Yôko se souvint des nombreux réfugiés qu'elle avait vus devant les remparts de la ville.

– Vous voulez dire que dans le royaume de Kei, il n'est pas besoin de fuir quand on est kaikyaku ?

Le vieil homme hocha la tête.

– C'est ça. Enfin… maintenant, c'est autre chose : il y a eu une guerre civile. Le royaume est dans une situation dramatique. Le village où j'habitais a été attaqué par les yôma et la moitié des habitants a péri.

– À cause des yôma ? Pas de la guerre civile ?

– Quand le royaume est dans le chaos, les yôma apparaissent. Pas seulement les yôma : la sécheresse, les inondations, les tremblements de terre… Tous les désastres arrivent en même temps. C'est pour ça que je me suis enfui.

Yôko baissa les yeux. Les kaikyaku n'étaient pas persécutés dans le royaume de Kei. Que valait-il mieux ? Tenter de passer dans le royaume de Kei ou être contraint de fuir en permanence dans celui de Kô ?

Seizô continua :

– Les femmes sont parties en premier. Je ne sais pas pourquoi, mais l'ancienne reine voulait chasser toutes les femmes du royaume.

– Ce n'est pas possible…

– Si si, c'est vrai. Il paraît qu'à Gyôten, la capitale, les femmes qui n'ont pas fui ont été massacrées. Cela fait longtemps déjà que la dynastie de Kei n'est pas bonne pour son peuple. Mais à mon avis, ça a été la goutte d'eau qui a fait déborder le vase, et c'est pour cette raison que les gens sont partis. Si tu veux un conseil, ne t'approche pas du royaume de Kei. Le pays entier est infesté de yôma. D'ailleurs, j'ai l'impression que le nombre des réfugiés de Kei a diminué récemment. Ça ne m'étonnerait pas qu'ils aient fermé la frontière….

– Ah bon…

Seizô eut un petit rire triste.

– Tu vois, je ne sais rien de ce qui se passe au Japon, mais je peux t'informer de ce qui se passe ici… Je suis un homme de ce monde-ci, finalement…

– Mais non, ne soyez pas amer…

Il l'arrêta d'un geste en riant.

– En comparaison de Kei, la vie dans le royaume de Kô est beaucoup plus facile. Évidemment, si on est un kaikyaku, on est persécuté… Rien n'est parfait…

– Moi, je…

Seizô souriait, mais ses yeux étaient pleins de larmes.

– Ne t'inquiète pas, je te comprends… Tu n'y es pour rien… Je comprends, mais je suis un peu triste, faut me comprendre aussi… Enfin, excuse-moi, toi, tu es poursuivie, ta vie est encore plus dure que la mienne, je sais…

Elle ne répondit rien.

– Bon, je dois reprendre mon travail… Il faut que je prépare les petits déjeuners. Bon voyage et prends soin de toi !

Puis il se glissa hors de la chambre comme une ombre. Yôko voulut le retenir… mais elle le laissa partir, lui souhaitant seulement bonne nuit.

4.

Yôko tira un mince futon de l'étagère, l'étendit sur le sol, et se coucha. Cela faisait longtemps qu'elle n'avait plus dormi sur un vrai matelas, et pourtant, elle ne pouvait trouver le sommeil. Elle savait bien ce qui la tracassait…

Pourquoi comprenait-elle la langue des gens de ce monde ? Évidemment, c'était une chance. Inutile de se demander ce qu'elle serait devenue si elle n'avait pas pu communiquer avec eux. Mais tout de même, c'était très étrange.

Elle n'était pas censée comprendre une autre langue que le japonais. Quand elle avait parlé avec l'employé de l'auberge, quels mots avait-elle utilisés ? Manifestement, elle avait parlé en japonais avec le vieux Seizô, mais avec les gens d'ici elle parlait leur propre langue sans même la connaître.

D'ailleurs, le vieux Japonais prononçait un peu différemment certains mots de ce pays. Cela lui avait paru étrange. Et puis surtout, il avait dit que le mot « préfet » n'existait pas dans la langue de ce monde. Mais elle avait bien entendu plusieurs personnes parler distinctement de « préfet » et de « préfecture ». Qu'est-ce que cela signifiait ?

Yôko restait les yeux fixés sur le plafond bas de sa chambre.

C'est comme si quelqu'un traduisait...

Oui, c'est cela ! Les mots que ses oreilles entendaient étaient automatiquement traduits en un langage qu'elle comprenait. Et inversement, quelqu'un faisait bouger ses lèvres et modulait sa voix quand elle s'adressait à une personne qui ne parlait pas japonais.

– Jôyû ? C'est toi qui fais ça ?

Mais personne ne répondit, comme d'habitude...

Rassurée d'avoir pu libérer son esprit d'une question qui la préoccupait, elle s'endormit enfin, son épée dans les bras.

Quand elle se réveilla, elle vit tout de suite que les bagages qu'elle avait laissés dans un coin de la chambre avaient disparu. Elle se leva d'un bond et vérifia la porte : elle était bien verrouillée de l'intérieur. Elle arrêta des employés qui passaient dans le couloir et leur expliqua ce qui venait de lui arriver. Ils examinèrent la porte et la chambre d'un air dubitatif, puis lui jetèrent un œil mauvais.

– Qui nous dit qu'il y avait bien des bagages comme tu le prétends ?

– Mais enfin, mon porte-monnaie était dedans ! On me l'a volé !

– Mais la porte était fermée à clé...

– Il y a bien un double...

– Est-ce que par hasard tu insinuerais que c'est un de nous qui t'aurait volé ?

Les employés prirent un air menaçant.

– Dis plutôt que ces bagages n'ont jamais existé et que tu as inventé cette histoire de vol pour partir sans payer !

– Pas du tout !

Ils firent un pas. Yôko effleura la poignée de son épée.

– Alors paie !

– Mais puisque je vous dis que mon porte-monnaie m'a été volé !

– Alors tu vas nous suivre au bureau de l'autorité.

– Attendez !

Elle commença à dérouler le tissu de son épée, puis se souvint tout à coup du vieux Japonais. Elle voulait lui demander son aide.

– Appelez le vieux monsieur, s'il vous plaît.

– Quel vieux ?

– Monsieur Matsuyama, qui vient du royaume de Kei.

Les employés échangèrent un regard.

– Pourquoi lui ?

– Appelez-le. Il a vu mes bagages, lui !

L'homme qui se trouvait près d'elle sur le seuil de la porte, lui barrait le passage d'un air agressif. Il fit un signe du menton au plus jeune derrière lui qui disparut en courant dans le couloir.

– Qu'est-ce que tu as dans la main gauche ? fit celui qui était resté.

– Il n'y a pas d'argent là-dedans.

– Je vais vérifier ça…

– Pas avant que le vieux monsieur soit là.

Elle avait parlé avec fermeté et l'homme la regarda d'un air méfiant, mais sans la toucher. Quelques instants plus tard, le jeune employé revint en faisant claquer ses pas sur le plancher.

– Il n'y est pas.

– Quoi ?

– Il n'est nulle part, et ses affaires non plus. Il s'est enfui.

L'employé plus ancien fit un bruit avec sa langue. Yôko serra les mâchoires.

C'est lui ! C'est lui qui m'a volée !

Yôko ferma les yeux. Même les kaikyaku la trahissaient…

Sans doute avait-il été jaloux du fait qu'elle avait vécu, elle, dans un Japon en paix et prospère alors que lui-même n'avait connu que le malheur et la guerre... Ou peut-être lui en avait-il voulu de comprendre si facilement la langue de ce pays... Ou peut-être tout simplement avait-il pensé dès le début qu'elle serait une proie facile...

Elle avait pourtant cru avoir trouvé un frère en lui, et que ce sentiment fraternel avait été réciproque. Trompée par Takki, elle ne pouvait déjà plus faire confiance aux gens de ce monde... Et voilà maintenant que même les kaikyaku la trahissaient.

Un goût amer lui monta à la bouche. La colère fit resurgir en elle l'image de la mer qui bouillonnait à l'intérieur de son corps. Petit à petit, elle se sentit envahie par la fureur d'une bête sauvage.

– C'est ce type qui m'a volée ! lâcha-t-elle, secouée par la houle.

– C'était juste un vagabond. Il devait en avoir après notre maison pour faire ça...

– Toi, donne-moi bien sagement ce paquet. Je vais vérifier s'il n'y a pas quelque chose de valeur à l'intérieur.

Yôko serra la poignée de l'épée.

– Pardon ! C'est moi la victime, tout de même !

– On ne loge pas les gens gratuitement ici. Il faut payer !

– C'est votre faute si vous employez n'importe qui !

– Tais-toi et donne-moi ça !

L'homme fit un pas. Yôko se mit en garde, faisant tomber d'un mouvement du bras l'étoffe qui protégeait son épée. La lame accrocha un rayon de lumière provenant de la petite fenêtre et brilla.

– Tu... tu...

– Laissez-moi passer, je suis la victime, je vous dis !

Le plus jeune des deux s'enfuit en criant, tandis que l'autre flageola sur ses jambes sous le coup de l'émotion.

– Laisse-moi passer ! Si vous voulez votre argent, cherchez le vieux !

– Tu avais préparé ton coup depuis le début...

– Je t'ai dit que non ! Si vous attrapez le vieux, vous n'aurez qu'à prélever le prix de la nuit dans mon porte-monnaie !

Yôko pointa son arme sur l'homme qui recula. Elle fit un pas, puis deux... Au troisième, il s'enfuit à toutes jambes. Elle se lança à sa suite.

Quelques hommes arrivèrent en sens inverse, sans doute prévenus par le plus jeune. Les menaçant de son épée, Yôko parvint à sortir de l'auberge, puis se mit à courir dans la ville en fendant la foule.

Une sensation vaguement douloureuse persistait à son bras. À l'endroit précis où le vieil homme l'avait serrée en pleurant.

Que je n'oublie jamais cette douleur ! C'est elle qui me rappellera de ne faire confiance à personne…

5.

Elle reprit son voyage et ses nuits à la belle étoile. Suivre une route, même au hasard, la conduirait forcément à une autre ville, mais sans argent, impossible de louer une chambre dans une auberge ni même d'acheter de la nourriture. Elle aurait bien aimé dormir au pied des remparts comme les réfugiés, mais les gardes veillaient. Et puis, de toute façon, la compagnie d'autres humains lui était devenue insupportable depuis qu'elle avait appris, à ses dépens, qu'elle ne pouvait faire confiance à personne.

Ici, elle n'avait pas d'ami. Ici, personne ne l'aiderait. Ici, rien ne lui appartenait et elle n'avait droit à rien. Plutôt que de risquer d'être à nouveau trahie, mieux valait encore dormir à la belle étoile en égorgeant quelques yôma…

Depuis qu'elle avait changé de vêtements, on ne la prenait plus pour une fille. En revanche, on pensait souvent qu'elle était plus jeune qu'elle ne l'était en réalité. Ici, la sécurité des personnes et des biens n'était pas très bien assurée. Elle avait souvent eu affaire à des voyous qui avaient tenté de l'importuner. Mais à force, elle n'hésitait plus à dégainer son épée pour faire déguerpir les gêneurs.

Marcher le jour, cela voulait dire être sur ses gardes chaque fois qu'elle croiserait quelqu'un. Marcher la nuit, c'était se déplacer en affrontant les yôma. Quant à dormir la nuit à la belle étoile, c'était risquer d'être surprise dans son sommeil par leurs attaques… Finalement, il valait mieux dormir le jour et marcher la nuit.

Dans les *ro* qu'elle traversait, certaines maisons vendaient de la nourriture. Mais bien évidemment ces magasins de campagne n'étaient ouverts que le jour, et de toute façon, elle n'avait pas d'argent. Quand la faim devint trop aiguë, elle essaya de trouver du travail malgré le dégoût qu'elle éprouvait au contact des autres humains. Mais dans les villes, les réfugiés étaient déjà nombreux, ce qui rendait difficile une demande d'embauche. De plus, comme on la prenait pour un très jeune garçon, les possibilités d'emploi étaient encore plus réduites.

Toutes les nuits, et parfois même en plein jour, elle devait faire face aux attaques des yôma. La faim et la fatigue étaient devenues une souffrance permanente.

Mais le pire, c'étaient les sarcasmes du singe bleu et les mirages que la lame de l'épée produisait de temps à autre.

Elle était à chaque fois bouleversée de voir ainsi sa mère en pleurs. Quant au singe bleu, il continuait à lui répéter qu'elle ferait mieux de se suicider tout de suite. Mais malgré cela, quand elle ne pouvait plus résister à la tentation de revoir le visage de sa mère, elle sortait la lame pour voir l'illusoire reflet lumineux. Et quand elle se sentait trop seule et qu'elle avait envie de parler avec quelqu'un, elle s'éloignait un peu et appelait le singe bleu.

Les apparitions se produisaient toujours la nuit. Il suffisait qu'elle éprouve le désir de rentrer chez elle pour que les images de sa maison se forment immédiatement à la surface de la lame. Mais cela était-il dû au fait que le pouvoir de l'épée ne pouvait se manifester que la nuit, ou bien était-ce tout simplement que, dormant le jour, elle ne pouvait observer ce phénomène que la nuit ? Elle ne le savait pas.

Certaines nuits, elle était trop occupée à se battre avec les yôma pour avoir le temps de s'abandonner à la nostalgie. Cela lui était particulièrement pénible, psychologiquement. Si elle avait eu assez de volonté pour résister à la tentation de ces images, elle aurait moins souffert, mais elle n'était pas si forte.

Une nuit, elle vit la lueur pâle irradier de la lame quand un yôma apparut. Mais plutôt que d'interrompre son observation pour faire face à son assaillant, elle préféra lui échapper. Elle pénétra dans un bois touffu à flanc de montagne, puis s'assit contre le tronc d'un arbre blanc.

Elle avait déjà vu plusieurs de ces arbres blancs, toujours au plus profond des forêts. Elle n'en connaissait pas le nom et elle était sûre que ce genre d'arbre n'existait pas dans son monde à elle. Leur écorce était d'un blanc presque pur. Ils pouvaient parfois atteindre le volume d'une maison, mais ils n'étaient jamais très hauts : la branche la plus élevée ne dépassait pas deux mètres. Leur bois était si dur qu'il semblait de métal, même son épée ne pouvait l'entamer. Les branches n'avaient pas de feuilles mais portaient, comme soudés à elles, des fruits jaunes et lourds, impossibles à couper eux aussi, et qui les faisaient ployer sous leur poids.

Leur blancheur se détachait dans le noir de la nuit. Yôko aimait à les regarder sous la lumière de la lune, quand ils paraissaient encore plus blancs. Écartant les branches qui penchaient leur tête vers le sol, elle se glissait alors jusqu'au tronc et s'asseyait dans l'espace ainsi dégagé. Sous la protection de l'arbre, elle était en sécurité, car elle avait remarqué que les yôma ne s'aventuraient jamais jusque-là. C'était l'endroit idéal pour se reposer, quand elle avait la chance d'en trouver un.

Yôko se glissa sous les branches, s'appuya contre le tronc et regarda la lame de son épée. Dix jours s'étaient écoulés depuis sa rencontre avec le vieux kaikyaku à Takkyû. La lame émit sa faible lueur, teintant les branches de l'arbre d'un reflet argenté, ses fruits d'un reflet doré.

Comme à l'accoutumée, Yôko s'attendait à voir apparaître sa mère. Or, cette fois-ci, elle vit tout d'abord se former plusieurs silhouettes sombres. Puis les contours de l'image se précisèrent et des jeunes filles se tenant près de tables alignées dans une salle apparurent. C'était sa classe, au lycée. Plusieurs filles s'étaient regroupées comme elles le faisaient toujours entre copines aux intercours. Leurs cheveux étaient bien peignés, leur uniforme repassé, leur visage propre. En se regardant telle qu'elle était aujourd'hui, Yôko pensa qu'elle avait tout d'une souillon. Cela la fit rire.

– Vous savez quoi, Nakajima a fait une fugue !

Cette voix lui était familière. L'annonce déclencha un brouhaha indistinct.

– Une fugue ? C'est pas vrai ! ?

– Si si, je te jure ! Tu te rappelles qu'elle était absente hier, eh bien, c'est parce qu'elle est partie de chez elle ! Sa mère a même téléphoné chez moi. J'en reviens pas...

C'est déjà vieux, comme scène...

– C'est incroyable !

– Ouais, une déléguée de classe qui fugue...

– Moi, je vous le dis, celles qui jouent les bonnes élèves comme ça, elles ont toutes une vie secrète, ça m'étonne pas !

– C'est bien vrai, ça...

Yôko rit de plus belle : il y avait un tel écart entre sa situation présente et celle de ses copines...

– Et puis tu sais quoi ? On dit que son copain est venu la chercher au lycée. Il paraît que c'est une racaille.

– Un garçon ? Eh ben, dis donc...

– C'est une fugue d'amoureux, alors...

– Ouais, je crois bien... D'ailleurs, ce sont ses copains qui ont cassé les vitres.

– Tu es sûre ?

– Qui c'est, son copain ?

– Je sais pas trop, mais on dit que c'est une racaille gothique avec les cheveux longs et décolorés. Et puis avec une veste qui traîne par terre...

– Ah bon... Alors en fait, Nakajima était une Heavy Metal gothique ?

– Comme quoi, tu vois...

Keiki...

En entendant ce tissu de médisances et d'absurdités, Yôko se figea comme un spectre.

– Tout ça, moi, ça m'étonne pas… D'abord, Nakajima aussi se colorait les cheveux, j'en suis sûre…

– Elle disait que c'était de naissance…

– Mais elle mentait, c'est évident ! Ça existe même pas, des cheveux rouges de naissance !

– Mais quand même, elle a laissé son manteau et son sac dans la classe.

– Et alors ?

– Hier matin, c'est Morizuka qui les a trouvés.

– Ça c'est une vraie fugue d'amoureux, je te dis ! Tout laisser, partir sans rien, sauf l'amour…

– Qu'est-ce que tu racontes ? C'est pas une fugue, c'est une fuite plutôt, moi je dis…

– Ça fait peur, dis…

– Tu vas voir que bientôt, ils vont placarder des avis de recherche…

– Ouais, on verra la mère de Nakajima distribuer des demandes d'information devant la gare avec la photo de sa fille sur une pancarte !

– À crier : « Avez-vous vu mon enfant ? », ce genre de truc…

– Vous allez arrêter de dire n'importe quoi, oui ?

– Ben, on n'a rien à voir avec les gens comme ça, nous…

– Et puisque c'est vrai qu'elle a fait une fugue…

– Eh oui… les pauvres bonnes élèves s'ennuient de la vie, figure-toi !

– Moi je te dis que c'est une fugue d'amoureux… Quand une fille comme ça tombe amoureuse, elle peut faire n'importe quoi !

– Ben, vous n'êtes pas gentilles pour elle… Je croyais que vous étiez amies…

– Moi, je parlais juste avec elle quand c'était nécessaire, pas plus. À vrai dire, je l'aimais pas beaucoup…

– Moi non plus ! J'aime pas ce genre qui fait semblant d'être une bonne élève…

– T'as raison !

– Et puis toujours à trouver un prétexte, soi-disant que ses parents étaient stricts… Non mais, elle se prenait pour qui ? Pour une princesse ?

– T'as raison ! Mais quand même, elle était bien utile, hein ? Elle faisait toujours ses devoirs comme il faut…

– Ah oui… À propos, j'ai pas fini l'exo de math, en fait…

– Zut, moi non plus !

– Quoi ? Personne l'a fait ?

– Sauf Nakajima, je parie !

– Oh oui, chère Yôko, reviens !

La classe entière éclata de rire. Puis l'image se brouilla et la scène disparut. Yôko cligna des yeux. Son regard ne rencontra que la lame nue et lisse de son épée.

6.

Yôko baissa son arme. Elle était bien trop lourde pour elle… Finalement, toutes ces filles qu'elle appelait ses « amies » n'avaient jamais été de véritables amies. Et d'ailleurs, il lui sembla que ce n'était pas une surprise : quelque part dans sa tête, elle le savait déjà.

Des amies ? En fait, ce n'était qu'un groupe de filles enfermées ensemble par hasard dans la même prison. Que la classe change à la rentrée et ces soi-disant « amies » se disperseraient pour s'oublier bientôt les unes les autres et ne jamais se revoir…

Des larmes lui vinrent aux yeux en remuant ces pensées. Toute rencontre dans la vie, toute relation est frappée du sceau de l'éphémère. Elle le savait, mais elle n'avait pas pu s'empêcher de chercher une vérité ferme et tangible dans ces relations. Pure illusion…

Elle aurait aimé pouvoir entrer tout d'un coup dans la classe pour leur montrer quelle était sa situation, en réalité. Elle aurait aimé voir leur tête à ce moment-là.

Mais toutes ses « amies » habitaient maintenant un monde lointain, dans un pays en paix, dans leur petit confort. Pourtant, en réfléchissant mieux, elles aussi devaient avoir leur lot de souffrances et de soucis, ni plus ni moins qu'elle, finalement, pensa Yôko.

Mieux vaut en rire... Oui, tout ça est très comique, quand on y pense.

Elle s'allongea sur le sol et se roula en boule. Elle était seule, loin de tout, abandonnée. Sa solitude était presque palpable. Certes, il lui était déjà arrivé de se sentir seule et triste quand elle se disputait avec ses parents ou quand elle se brouillait avec une amie. Mais elle comprenait maintenant que cela n'avait jamais été une vraie solitude. À cette époque-là, elle avait une maison, un endroit où elle pouvait rentrer, elle vivait parmi des gens qui n'étaient pas des ennemis et elle avait toujours la possibilité de trouver des consolations ou des dérivatifs à son chagrin. Quand elle perdait une amie, elle pouvait s'en faire d'autres, et si ce n'était qu'une amitié superficielle, cela réchauffait quand même le cœur.

Elle entendit soudain la fameuse voix, cette voix qu'elle connaissait bien maintenant mais à laquelle elle ne pouvait décidément pas s'habituer. Elle ne se redressa même pas et grimaça de dégoût.

– Je te l'ai dit et redit, pourtant : tu ne pourras jamais rentrer. Tu n'as pas encore compris ?

– Tais-toi.

– Si tu crois que tu peux rentrer, essaie donc ! Et puis, même si tu rentres chez toi, qui t'attend ? Personne ! D'ailleurs, c'est ta faute ! Si personne ne t'attend, c'est sans doute parce que tu n'en vaux pas la peine !

Apparemment il y avait un lien entre le singe bleu et les révélations de l'épée. Il apparaissait toujours avant ou après les visions sur la lame. En tout cas, il n'avait pas l'air dangereux, et c'est sans doute pour cette raison que Jôyû ne réagissait jamais quand il se montrait. Mais il ne disait que des choses désagréables, et toujours d'un ton agaçant, exactement ce que Yôko n'avait pas envie d'entendre.

– C'est faux ! Ma mère m'attend toujours !

Elle se rappelait l'image de sa mère en larmes, serrant une des peluches de sa fille dans ses bras.

Je n'ai peut-être pas de vraie amie dans ma classe, mais ma mère sera toujours de mon côté.

Cette pensée lui brisa le cœur.

– Ma mère pleurait. Je rentrerai. Pour elle, je rentrerai un jour…

Il rit de plus belle.

– Ça, c'est normal ! Quand une mère perd son enfant, elle est triste, c'est tout !

– Qu'est-ce que tu veux dire ?

Yôko leva les yeux. Posée par terre au milieu des herbes courtes, si proche qu'elle aurait pu la toucher en tendant le bras, la tête du singe luisait d'une pâle lumière bleue.

– Elle n'est pas triste parce que tu as disparu. Elle est juste triste parce qu'elle a perdu son enfant. Nuance ! Elle est triste de son propre sort, pas du tien. Elle se trouve pitoyable. Tu comprends pas ça ? C'est facile pourtant…

Yôko ressentit un choc. Elle ne pouvait rien répondre à ça.

– … En d'autres mots, si ce n'était pas toi, si elle avait perdu un autre enfant, même pire que toi, elle serait triste pareil. Parce qu'elle serait sa mère.

– Tais-toi !

– Ne me regarde pas avec ces yeux méchants ! Tu sais, je dis juste la vérité !

Et il repartit d'un grand éclat de rire moqueur.

– Bah, c'est rien de plus que quand meurt un animal familier dont on s'est occupé pendant longtemps… On s'attache, pas vrai ?

– Tais-toi ! cria-t-elle en se redressant et en levant son épée.

– Eh, arrête, tu vas me faire peur ! répondit-il, toujours riant. Tes parents te manquent tant que ça ? Hum… Même des parents de ce genre ?

– Je n'ai pas envie de t'entendre !

– Oui, je sais… Tu veux seulement rentrer chez toi, hein ? C'est pas que tu veux revoir tes parents, c'est juste que tu veux retrouver ton petit confort avec une maman qui est de ton côté…

– Quoi ?

Le singe éclata encore d'un gros rire.

– Les parents ne trahissent jamais leur enfant, pas vrai ? C'est ce que tu crois, hein ? Tu en es bien sûre ? Mais quelle différence entre des parents et un maître pour son chien ?

– Qu'est-ce que tu racontes ?

– Je raconte qu'un enfant, c'est comme un chien ou un chat : tant qu'il est mignon et sage, tout va bien, mais s'il mord la main de son maître ou casse tout dans la maison, c'est fini ! Oh, bien sûr, il faut sauver les apparences, ils ne vont pas t'abandonner sur le bord de la route… Mais s'ils n'avaient pas peur de la police et du qu'en-dira-t-on, beaucoup de parents tueraient leur enfant, ça ne fait pas un pli !

– N'importe quoi !…

– Ouais… c'est n'importe quoi…

Le singe ouvrit grand les yeux d'un air malicieux.

– Ce qui est surtout n'importe quoi, c'est que les parents adorent jouer le rôle de parents qui aiment leurs enfants. Ils s'aiment eux-mêmes d'aimer leurs enfants…

Les sarcasmes du singe lui écorchaient les oreilles.

– Je te crois pas...

– Mais regarde-toi ! Tu es comme eux, finalement ! Toi, tu aimes être une gentille fille à sa maman et à son papa. Tu ne leur obéis pas parce que tu penses qu'ils ont raison, tu as juste peur d'être abandonnée ! En d'autres termes, tu lèches la main de tes maîtres !

Yôko se mordit les lèvres. Non, elle n'avait jamais eu peur d'être abandonnée. Mais elle ne pouvait nier qu'elle faisait attention à ne pas déplaire à ses parents et qu'elle agissait en conséquence pour ne pas être grondée ou punie, pour que l'atmosphère de la maison ne devienne pas irrespirable, ou quand elle voulait se faire acheter quelque chose.

– Donc finalement, tu n'es pas une bonne fille. Tu te fais passer pour telle, c'est pas tout à fait la même chose. C'est ça, la peur d'être abandonnée. Parents, enfants, même combat ! Des bons parents ? Mais ça n'existe pas, ça ! Ils veulent juste éviter de se faire montrer du doigt dans la rue, alors ils font comme tout le monde, c'est tout ! Alors puisque tu les trahis toi-même, comment peux-tu croire qu'ils ne te trahissent pas ? Le menteur trahit le menteur, comme on dit. Voilà, c'est comme ça, les humains ! Tout le monde ment, trahit et est trahi...

– Pauvre type ! T'es rien qu'un monstre, d'ailleurs !

Son rire augmenta encore.

– Oh oh ! Tu sais en dire des choses, maintenant ! Ben oui, tu as raison, je ne suis qu'un monstre. Mais moi, je suis honnête. Je ne dis que la vérité. Moi, je ne trahis pas. Mais tant pis… Je t'aurais prévenue, c'est tout…

– Tais-toi !

– Tu ne rentreras jamais ! Tu ferais mieux de mourir vite ! Mais si tu n'as pas le courage d'en finir, alors arrange-toi au moins pour vivre un peu mieux, quoi… avec ce truc…

Le singe bleu désigna du menton l'épée que Yôko tenait toujours levée.

– Regarde-toi, bon sang ! Tu n'as pas d'ami. Tu n'as que des ennemis. Keiki aussi. Tu as faim ? Tu veux vivre à l'aise ? Alors profites-en ! T'as qu'à utiliser cet engin que tu tiens, là. C'est pas difficile !

– Silence !

– De toute façon, il n'y a pas d'argent propre ! Il ne s'agit que de convaincre quelqu'un de te donner un peu d'argent qu'il a lui-même mal acquis, non ? Et si ça te permet de vivre un peu mieux, hein, pourquoi se gêner ?…

Yôko donna un grand coup d'épée en direction du rire. Mais il n'y avait personne et celui-ci se poursuivit un moment avant de disparaître dans la nuit. Elle gratta par terre. Entre les doigts à demi écartés de sa main, le sable s'écoula. Il lui sembla que ce n'était pas seulement du sable qui lui échappait ainsi.

7.

Yôko errait sur les chemins. Combien de jours s'étaient écoulés depuis qu'elle avait quitté Takkyû ? Et surtout, combien de jours depuis qu'elle avait quitté sa maison ? Elle avait perdu le compte.

Elle ne savait même plus où elle se trouvait ni dans quelle direction elle marchait. Et cela lui était égal.

Elle se levait et saisissait son épée quand le soir approchait. Elle combattait quand les yôma l'attaquaient. Elle cherchait un endroit pour dormir quand le matin se levait. C'était tout. Elle ne pensait à rien d'autre.

Elle ne survivait qu'à l'aide de la perle et de l'épée. Même pour se lever et pour marcher, l'épée lui était nécessaire en guise de canne. Quand elle avait tué ou mis en fuite les monstres, elle se reposait. Quand elle se trouvait devant un espace à découvert, non protégé par les arbres, elle traînait les pieds jusqu'à l'autre côté. Quand elle ne sentait pas de présence aux alentours, elle se laissait aller à pousser des gémissements à chaque pas. C'était le seul son humain qu'elle entendait de toute la journée.

La faim lui collait au corps. Plus exactement, la faim faisait corps avec elle. Une fois, n'en pouvant plus, elle avait découpé un morceau de la chair du yôma qu'elle venait d'abattre. Mais l'odeur fétide était telle qu'elle n'avait pas pu l'avaler. Une autre fois, elle avait tué un animal qu'elle avait croisé par hasard. Celui-là, elle avait pu l'avaler, mais son corps avait refusé cette nourriture solide et elle avait tout rendu.

Un matin à l'aube, après avoir échappé plusieurs fois à la mort comme chaque nuit, alors qu'elle se dirigeait vers un fourré à quelque distance de la route pour y dormir une bonne partie de la journée, elle buta contre une racine et dégringola dans une sorte de ravin. Heureusement elle ne fut pas blessée, mais une fois en bas, sans même se relever, elle s'endormit telle qu'elle était tombée, sans même vérifier ce qu'il y avait autour d'elle.

Son sommeil fut sans rêve. Mais quand elle se réveilla, elle s'aperçut qu'elle ne pouvait plus se lever. Elle se trouvait dans une sorte de clairière, les arbres étaient peu nombreux. Le jour déclinait déjà, bientôt la nuit viendrait. Si elle ne bougeait pas de là, les yôma ne manqueraient pas de l'attaquer. Bien sûr, Jôyû prendrait le contrôle de son corps et lui permettrait de repousser une ou deux attaques. Mais elle était sûre que même Jôyû ne pourrait la réveiller à la troisième parce qu'elle serait morte de fatigue.

Yôko essaya de ramper. Il lui fallait au moins atteindre la route, où elle pourrait appeler à l'aide. C'était la seule solution. Sinon, c'était la mort. Elle tâtonna pour attraper la perle bleue autour de son cou. Elle n'avait déjà plus la force d'enfoncer l'épée dans le sol pour se mettre debout.

– Parce que tu crois que quelqu'un va passer sur la route en pleine nuit pour te sauver ?

Elle connaissait bien cette voix, mais c'était la première fois qu'elle l'entendait alors que le soleil n'était pas encore couché.

– … Bah, ne t'inquiète pas, ta souffrance va bientôt finir, va…

Elle regarda la fourrure poussiéreuse du singe. Elle se demanda vaguement pourquoi il apparaissait à cette heure.

– Même si tu rampes et que tu parviens à rejoindre la route, tout ce que tu y gagneras, c'est de te faire arrêter et d'être capturée comme kaikyaku. Ou alors tu te feras tuer sur place. Ah, remarque, on peut appeler ça une aide, ah ah ah…

Pour une fois, elle était tout à fait d'accord avec lui. Elle avait besoin d'aide, et c'est justement parce qu'elle en avait tant besoin qu'elle était sûre qu'elle n'en trouverait pas. En admettant qu'elle arrive jusqu'à la route, en admettant que quelqu'un passe, il continuerait sans aucun doute son chemin sans s'arrêter, avec une moue d'indifférence ou de dégoût pour cette sale clocharde. Ou alors, ce serait un brigand : il s'approcherait d'elle, et quand il verrait qu'elle n'avait aucun objet de valeur sur elle à part l'épée, il s'en servirait peut-être pour lui donner le coup de grâce.

Dans ce pays, c'est tout ce qui peut m'arriver, de toute façon…

Soudain, une pensée lui vint à l'esprit, qui donnait un sens aux apparitions de ce singe moqueur et sarcastique : il se nourrissait de son désespoir. Oui, il dévoilait les anxiétés secrètes qu'elle cachait dans son inconscient, comme une sorte de démon de la révélation.

Elle sourit, satisfaite d'avoir au moins déchiffré l'énigme du singe bleu. Ayant retrouvé un peu de courage, elle se retourna et, soulevant son corps de toute la force qui lui restait dans les bras, réussit à s'asseoir.

– … Tu ferais mieux de renoncer, pourtant…

– La ferme !

– Tu préfères donc continuer à souffrir comme ça ?

– La ferme !

– …

Elle ficha l'épée dans le sol. Elle s'accrocha à la poignée, les mains gémissantes de douleur, et raidissant les genoux qui ne demandaient qu'à plier, elle fit peser tout son poids sur l'épée pour se redresser. Mais à peine debout, elle perdit l'équilibre et s'affala par terre. Sans force, son corps était lourd comme un cheval mort.

– … Tu tiens donc encore à la vie ? Mais tu comptes trouver quoi en survivant ?

– Va-t'en !

– Mais tu sais, même si tu parviens à survivre en surmontant la souffrance, tu ne rentreras jamais chez toi…

– Si ! Je rentrerai chez moi !

– Tu ne pourras jamais ! Il n'y a aucun moyen pour traverser la mer de Kyokai. Tu mourras ici, dans ce monde. Et tu mourras trahie !

– C'est faux !

Mon épée est mon seul soutien…

Elle concentra toutes ses forces dans la main qui tenait son arme. Elle ne pouvait compter sur personne, elle ne pouvait demander de l'aide à personne…

Mon épée, et…

... Et l'espoir de rentrer un jour chez moi.

Cette épée, c'est Keiki qui la lui avait donnée, et il ne lui avait pas dit qu'elle ne pourrait jamais rentrer. Si elle retrouvait Keiki, il lui indiquerait certainement le moyen de rentrer.

– Tu es vraiment sûre que Keiki n'est pas ton pire ennemi ?

Non, je ne dois pas douter de Keiki !

– Tu crois vraiment qu'il te sauvera ?

Même... Même si Keiki est mon ennemi, je dois le retrouver. Je dois arrêter d'errer ainsi sans but et le retrouver. Ne serait-ce que pour l'interroger, lui demander pourquoi il m'a fait venir dans ce monde... Je l'obligerai à répondre à toutes mes questions... et évidemment, je lui demanderai s'il n'y a pas moyen de rentrer chez moi...

– Peuh, rentrer... Et même si tu rentres chez toi un jour, tu crois peut-être qu'un dénouement heureux t'attend ?

– Tais-toi...

Oui, elle le savait. Rentrer ne lui ferait pas oublier le cauchemar de ce monde, et elle serait sans doute incapable de vivre en paix comme avant, en faisant semblant de ne pas savoir ce qui lui était arrivé. Les traces de son passage ici ne s'effaceraient pas, à commencer par sa figure. Avec le visage qui était le sien désormais, jamais elle ne retrouverait la place qu'avait laissée Nakajima Yôko.

– Peuh, quelle nulle tu es, comme fille !

Alors que le rire moqueur s'éteignait petit à petit, Yôko essaya encore une fois de se lever.

Oui, elle-même ne savait pas pourquoi, mais elle se trouvait vraiment nulle. Pourquoi avoir lutté jusque-là si c'était pour renoncer maintenant ? Quitte à renoncer, il aurait fallu le faire bien avant. Elle se souvint qu'elle avait encore un corps : un corps couvert de blessures, de sang et de boue, un corps couvert de guenilles puantes, un corps qui dégageait une odeur immonde à chacun de ses mouvements, mais un corps tout de même encore vivant. Si elle avait choisi de survivre, c'est qu'elle n'avait pas voulu renoncer à la vie. Alors pourquoi renoncer ? Renoncer maintenant, cela voulait dire que toute la souffrance endurée n'avait eu aucun sens, avait été l'inutilité même. Si elle voulait mourir, il aurait fallu prendre cette décision sur le toit du lycée et mourir sous les serres du kochô…

Était-elle sûre de ne pas vouloir mourir ? Bien sûr que non. Était-elle sûre de vouloir survivre ? Bien sûr que non. Mais ce dont elle était sûre, c'est qu'elle ne voulait pas renoncer.

Je rentrerai chez moi… Je retournerai là où j'étais, je retrouverai la place que j'avais avant, quel qu'en soit le prix ! Et si je suis déçue, eh bien, je verrai bien ! Inutile d'y penser. La seule chose dont je dois me préoccuper pour l'instant, c'est de rester en vie si je veux pouvoir rentrer un jour ! Je dois survivre ! Je ne veux pas mourir ici !

Yôko se remit sur ses jambes en s'accrochant à la garde de son épée. En l'enfonçant dans le sol à chaque pas, elle remonta la pente couverte de buissons. C'était la pente la plus épuisante qu'elle avait eu à gravir de toute sa vie.

Elle manqua de glisser plusieurs fois. Elle progressait en s'encourageant elle-même à voix haute. Enfin, elle put poser sa main sur le rebord de la route. Elle se hissa dessus et se traîna en poussant des gémissements. À peine fut-elle à plat ventre sur le sol damé de la route qu'elle entendit des bruits de voix.

Les voix se rapprochaient. Yôko eut un petit sourire ironique.

C'est fait exprès, c'est pas possible !...

Ce monde semblait n'exister que pour harceler Yôko. Les voix ressemblaient à des cris de bébés...

8.

C'étaient exactement les mêmes chiens noirs que ceux qui l'avaient déjà attaquée sur le chemin de montagne le jour où elle avait été transférée de Hairô. L'épée s'agita au bout de son bras. Les chiens tombèrent. Le sang l'éclaboussa. Quand elle se fut débarrassée de l'avant-dernier monstre, elle s'agenouilla. Elle avait été sévèrement mordue au mollet. La chair engourdie l'empêchait de ressentir trop vivement la douleur, mais elle n'avait plus de sensation dans son pied gauche.

Elle jeta un coup d'œil à sa jambe dégoulinante de sang, puis leva les yeux sur son dernier ennemi qui restait sur la route à quelque distance. Il était encore plus grand que les autres. Plus fort aussi, à n'en pas douter : par deux fois déjà, elle lui avait porté de puissants coups d'épée qui ne paraissaient même pas l'avoir égratigné.

Il baissa la tête, prêt à bondir. Elle serra son arme plus fort encore. Mais la lame était maintenant si lourde qu'elle pouvait à peine la soulever. Un vertige la prit. Sa conscience s'obscurcit.

L'ombre bondit. Yôko leva son arme et frappa, mais sans précision, du plat plutôt que du tranchant. Jôyû ne pouvait pas faire plus pour animer son corps. L'ombre retomba à terre, fit volte-face et bondit une nouvelle fois, instantanément. Yôko frappa en visant la tête. La pointe de la lame déchira le museau du monstre, mais elle ne put éviter un coup de griffe qui lui laboura l'épaule. Elle faillit lâcher l'épée sous le choc et la douleur. L'ombre poussa un cri aigu et bref en roulant à terre. Yôko lui porta une estocade. Emportée par son élan, elle perdit l'équilibre et lâcha l'épée avant de tomber sur le sol. Projetée comme une lance, la lame perça le cou de la bête en faisant voler quelques touffes de poils noirs, puis vint se ficher droit dans le sol. Une mare de sang noirâtre s'étendit rapidement autour de l'épée.

Yôko ne pouvait plus bouger. Son ennemi était également renversé au sol et crachait du sang. Les deux adversaires n'étaient qu'à un mètre l'un de l'autre. Tous deux levèrent les yeux et s'observèrent.

C'est Yôko qui bougea la première. Elle posa la main sur la garde de son épée, et s'en servant comme d'un pivot, souleva son corps. Le monstre avait déjà sauté, mais ne trouva que le vide. Yôko se rétablit sur les genoux de l'autre côté de l'épée, et l'arrachant du sol, la leva à deux mains au-dessus de sa tête, en garde haute. L'ennemi leva la tête et cracha du sang dans un hurlement. Ses puissantes griffes creusèrent des sillons dans le sol, mais ses pattes ne pouvaient plus le soulever. De toutes ses forces et de tout le poids de son épée, Yôko trancha le cou de la bête. La lame luisante de sang pénétra le cuir et les chairs de l'animal. Les pattes et leurs puissantes griffes furent saisies de convulsions.

Un flot de sang bouillonnant s'échappa encore de l'effrayante mâchoire qui, un court instant, sembla vouloir murmurer quelque chose.

Une nouvelle fois, Yôko leva la lourde épée à deux mains et asséna le coup de grâce. Les convulsions de la bête cessèrent.

La lame de l'épée était profondément enfoncée dans les chairs du monstre. Yôko lâcha la poignée et tomba à la renverse. Elle aperçut le ciel. Les nuages couraient à faible altitude.

Sa respiration était rauque et elle ne réprimait pas ses gémissements, des cris plutôt, qu'elle poussait à chaque expiration. Elle avait l'impression que sa gorge était lacérée. Une autre douleur au côté la brûlait. Elle ne sentait plus ni ses bras ni ses jambes, et elle n'aurait pas été étonnée d'apprendre qu'ils avaient disparu.

Elle voulut saisir la perle pour guérir immédiatement ses blessures, mais ses doigts semblaient paralysés. Retenant une sorte d'engourdissement nauséeux, elle garda les yeux fixés sur les nuages. Bas sur l'horizon, dans un coin de son champ visuel, ils prenaient une teinte rouge garance. C'était beau.

Elle fut soudain saisie d'un haut-le-cœur. Elle tourna rapidement la tête et vomit une glaire acide, fétide, qui s'écoula sur sa joue. Quand elle voulut aspirer de l'air, elle faillit s'étouffer. Elle se retourna sur le ventre par pur réflexe et toussa, pour expectorer cette bile qui lui encombrait les poumons.

Je suis vivante… J'ai réussi, je vis encore…

Elle se répéta et se répéta encore ces mots dans sa tête, en même temps qu'elle toussait.

Quand sa respiration s'apaisa enfin, elle perçut un faible bruit non loin d'elle. Un bruit de pas.

… !

Il en reste encore ? se dit-elle. Elle leva la tête : elle fut prise d'un vertige. Sa vue s'obscurcit et sa tête retomba sur le sol.

Elle ne pouvait plus bouger, mais elle n'oubliait pas ce qu'elle venait de voir :

Ces cheveux d'or…

– Keiki ! cria-t-elle, la tête toujours immobile sur le sol. Keikiii !!! C'est toi, n'est-ce pas ? ! C'est toi qui diriges ces yôma contre moi ! Pourquoi ? Pourquoi ?

Le bruit de pas se rapprocha. En tournant un tout petit peu les yeux, elle aperçut un kimono aux couleurs vives. Puis de longs cheveux dorés.

– Pourquoi as-tu…

Elle retint la fin de sa phrase : ce n'était pas Keiki.

Ah !…

Ce n'était pas Keiki. C'était une femme.

Yôko la regarda, et l'autre la regardait de même de toute sa hauteur.

Qui est-ce ?

Elle avait de magnifiques cheveux d'or. Elle paraissait une dizaine d'années plus âgée que Yôko. Sur son épaule fine et gracieuse était perché un perroquet aux couleurs bariolées. Sa mine était soucieuse, ce qui la rendait encore plus belle.

– Qui êtes-vous ? demanda Yôko d'une voix rauque.

Mais la femme, les yeux toujours fixés sur elle, ne répondit pas. Des larmes tombèrent silencieusement de ses yeux limpides.

– Qu'est-ce que… ?

La femme cligna des yeux. Les larmes transparentes coulèrent sur ses joues.

C'était tellement inattendu que Yôko ne trouva pas ses mots. La femme détourna la tête et regarda le corps de la bête couchée près d'elle. Elle resta un moment ainsi, l'air profondément ému, puis avança lentement d'un pas et s'agenouilla près du cadavre.

Yôko la regardait toujours, sans pouvoir faire un geste. Elle essayait, mais ne pouvait pas même bouger un doigt. La femme étendit la main sur le corps de la bête. Quand son doigt se teinta de rouge, elle le retira précipitamment comme si elle s'était brûlée.

– Qui êtes-vous ?

Elle ne répondait toujours rien. Elle saisit l'épée profondément enfoncée dans le cadavre, l'arracha, et la posa sur le sol. Puis elle prit la tête de la bête sur ses genoux et la serra dans ses bras en caressant sa fourrure en silence. Le sang tacha de rouge son précieux kimono.

– Est-ce vous aussi qui avez envoyé les autres yôma contre moi ? Pourquoi ? Avez-vous de la haine contre moi ?

La femme secoua la tête sans détacher son regard de la bête. Le perroquet perché sur son épaule se mit à battre des ailes.

– Tue-la ! cria tout à coup le perroquet d'une voix éraillée.

À ces mots, Yôko sursauta. L'autre aussi semblait surprise. Elle ouvrit de grands yeux en se tournant vers l'oiseau.

– Achève-la ! hurla de nouveau le perroquet.

Pour la première fois, la femme ouvrit la bouche :

– … Je ne peux pas…

– Tue-la ! Arrache-lui la vie !

– De grâce… je ne peux pas faire ça! répondit-elle d'un ton implorant, en secouant plusieurs fois la tête.

– C'est un ordre! Tue-la!

Les battements d'ailes se firent plus forts. L'oiseau s'envola de l'épaule de la femme, fit un cercle en l'air puis se posa à terre.

– Alors, prends-lui l'épée!

– Cette épée est la sienne. Elle nous serait inutile…

– Alors, coupe-lui la main!

Le perroquet battait toujours des ailes en hurlant de sa voix artificielle et désagréable.

– C'est un ordre, je te dis! Coupe-lui la main. Sans main, elle ne pourra plus se servir de son épée.

– Je ne peux pas… D'abord, je ne peux pas me servir de cette épée.

– Alors prends ça!

Yôko n'en crut pas ses yeux. Le perroquet ouvrit grand son bec et elle aperçut tout au fond de sa gorge, derrière la petite langue ronde et dure, quelque chose qui luisait. Puis il commença à régurgiter comme un bâton noir et brillant. Quelques instants plus tard, une sorte de sabre japonais dans son fourreau lui était entièrement sorti du gosier.

– Prends-le!

– De grâce, je vous en supplie…

La femme semblait désespérée. Le perroquet se remit à battre des ailes.

– Prends-le !

Foudroyée par cet ordre ultime, elle cacha son visage dans la manche de son kimono.

Yôko comprit qu'il lui fallait fuir à tout prix. Mais elle était incapable de se lever ; tout juste parvenait-elle à griffer inutilement le sol. La femme tourna vers elle un visage baigné de larmes.

– Arrêtez ! murmura Yôko, mais sa voix était si rauque et si faible que seul un vague son inarticulé sortit de sa gorge.

La femme étendit le bras et ramassa le sabre. De sa main souillée du sang de la bête morte, elle retira la lame du fourreau.

– Arrêtez ! Qui êtes-vous ?

... Et qui est ce perroquet ? Cette bête est quoi pour vous ? Pourquoi faites-vous une chose pareille ?

Ses lèvres tremblèrent un instant, comme pour parler. Yôko concentra son attention sur elles pour entendre ce qu'elles disaient. D'une voix ténue, elles dirent :

– Pardonnez-moi...

– ... Non, arrêtez !

La femme avança la pointe de son sabre vers la main droite de Yôko qui raclait désespérément le sol. Étrangement, elle semblait au bord de l'évanouissement.

Le perroquet vint se percher sur le bras de Yôko. Les griffes acérées pénétrèrent dans sa chair. Il était lourd comme un roc. Elle aurait voulu le balayer d'un geste, mais son bras était maintenant complètement immobilisé et il ne lui restait plus assez de force.

– Vas-y ! cria le perroquet.

La femme leva son sabre.

– Non ! cria Yôko dans un dernier effort pour tenter de se débarrasser du volatile et retirer son bras.

Mais avant qu'elle ait pu mettre en mouvement son membre engourdi et bloqué par le poids qui pesait sur lui, le sabre de la femme fendit l'air et frappa.

Yôko ne sentit pas la douleur mais perçut un choc. Elle ne pouvait voir ce que serait son destin à partir de cet instant, car avant même que le choc ne se change en douleur, elle avait perdu connaissance.

9.

Yôko reprit conscience sous le coup d'une douleur atroce. Elle ouvrit les yeux et vit sa main. Au même endroit, il y avait aussi un sabre, planté droit. Au début, elle ne comprit pas ce que cela signifiait. Le sabre était planté comme un piquet, droit vers le ciel nuageux.

La douleur lui fit comprendre la situation : elle était clouée au sol par le sabre planté au milieu de sa main. Et partant de là, une douleur fulgurante irradiait jusqu'à sa tête. Elle essaya de retirer sa main mais elle ne put que pousser un hurlement avec la sensation que sa main allait s'arracher.

Luttant contre le vertige et la douleur, elle se redressa, prenant garde à ne pas blesser plus encore sa main. De l'autre, qui tremblait comme une feuille, elle empoigna la garde du sabre, ferma les yeux, serra les dents, et tira d'un coup sec. Son corps fut convulsé de douleur.

Elle jeta le sabre et serra sa main blessée sur sa poitrine. De sa main valide, elle attrapa rapidement la perle autour de son cou et arracha le lien. Elle la posa sur sa main blessée. Elle grinçait des dents et des gémissements s'échappaient de sa gorge. Les deux mains enserrant la perle sur sa poitrine, elle se recroquevilla sur elle-même.

Le miracle du « trésor » que lui avait donné Keiki opéra et la sauva. Elle sentait la douleur s'estomper rapidement. Elle patienta quelques minutes, le temps que la guérison s'achève. Au bout d'un moment, elle se mit debout. Elle essaya de faire bouger les doigts de sa main droite mais elle n'avait plus aucune sensation au-delà du poignet. Elle posa la perle dans sa paume et referma ses doigts. Puis elle s'allongea, le bras droit replié sur son cœur. Les yeux ouverts, elle regarda le ciel. Les nuages du crépuscule étaient toujours rouge orangé, couleur garance. Cela voulait dire qu'elle n'était restée inconsciente qu'un court instant.

Qui était cette femme ? Pourquoi avait-elle fait cela ? Les questions se précipitaient dans son esprit. Mais elle n'avait aucun élément pour trouver les réponses. Elle étendit sa main gauche et tâtonna pour ramasser son épée. Elle la ramena à elle et la serra elle aussi sur son cœur. Puis elle se remit en boule.

Quelques instants plus tard, elle entendit le son d'une voix. Elle tourna la tête dans sa direction. Une petite fille se tenait là, stupéfaite devant le spectacle qui s'étalait sur la route. Elle se retourna et appela :

– Maman !

Une femme accourut à petits pas.

La petite fille avait l'air mignonne et candide. Sa mère avait un bon visage de femme honnête, et portait un grand ballot sur son dos. Toutes deux étaient vêtues pauvrement. Elles s'approchèrent en courant. L'inquiétude se lisait sur leur visage. Elles eurent une grimace de dégoût en enjambant le corps des bêtes mortes.

Yôko ne pouvait pas bouger. Toujours couchée à même le sol, elle regardait vaguement cette mère et sa fille venir vers elle. Un court instant, elle se crut sauvée. Puis immédiatement, c'est la crainte d'un piège qui reprit le dessus. Certes, elle espérait le secours de quelqu'un. Les élancements de douleur dans sa main avaient diminué mais n'avaient pas entièrement disparu. Il ne lui restait plus aucune force. Elle ne se relèverait peut-être jamais.

Ces deux passantes lui paraissaient suspectes : le fait qu'elles passent exactement à ce moment semblait une coïncidence trop étrange.

– Monsieur ? Vous n'avez rien ? Qu'est-ce qui vous est arrivé ?

La petite fille posa sa main sur son front comme pour prendre sa température. La mère la releva en la prenant sous les épaules. Quand Yôko sentit la chaleur de ce corps contre le sien à travers les vêtements, elle trouva cela désagréable et dégoûtant.

– Que s'est-il passé ? Vous avez été attaqué par des yôma ? Vous êtes blessé ?

Elle poussa un petit cri en remarquant la main de Yôko.

– Oh, là là ! C'est terrible, ça... Attendez voir...

Elle fouilla dans la manche de son kimono et en sortit un morceau d'étoffe, une sorte de mouchoir propre, et en fit un pansement sommaire pour Yôko. La fillette déposa le petit bagage qu'elle portait sur son dos et en sortit une gourde en bambou qu'elle lui tendit.

– Tu veux de l'eau, m'sieur ?

Yôko hésitait. Puis elle se dit que puisque la gourde se trouvait dans les bagages de la fillette, elle devait être destinée à son usage personnel. Et elle avait bien vu qu'elle n'y avait rien ajouté. Il n'y avait donc pas à craindre de poison.

La fillette ôta le bouchon et approcha elle-même le goulot de sa bouche. Une eau tiède et bienfaisante passa dans sa gorge. Sa respiration en devint plus aisée.

– Vous avez l'air d'avoir faim, non ? dit la mère.

Yôko ne sentait pas vraiment la faim à ce moment précis, mais elle savait qu'elle avait besoin de manger, effectivement. Elle approuva d'un signe de la tête.

– Depuis quand n'avez-vous pas mangé ?

Elle ne voulait pas compter les jours et resta sans répondre.

– Maman, je peux lui donner mon beignet !

– Mais non, il ne pourra jamais digérer une chose pareille. Donne-lui plutôt une sucette.

– Voui.

La fillette fouilla dans le ballot de sa mère. Elle tira un petit bâton propre d'un premier panier en osier, le plongea dans un autre et l'enroba d'un sirop très épais. Yôko se rappelait avoir vu ces mêmes sucettes traditionnelles dans son pays à elle, au Japon. Souvent, c'étaient des colporteurs qui les vendaient lors des fêtes de village à la campagne, et transportaient ainsi leur matériel de ville en ville.

– Tiens !

Elle accepta le bâton, sans hésitation cette fois. La douceur sucrée du bonbon s'écoula dans sa bouche, si sucrée que ça lui piquait les dents.

– Vous êtes en voyage ? Qu'est-ce qui vous est arrivé ?

Elle ne répondit pas. Elle ne pouvait pas dire la vérité, et elle n'avait plus la force d'inventer un mensonge plausible.

– Vous avez de la chance d'être encore en vie après avoir été attaqué par des yôma… Vous pouvez vous lever ? Le soleil va bientôt se coucher. Il y a un bourg au pied de la montagne. Ce n'est pas loin, vous pourrez marcher jusque-là ?

Yôko secoua la tête, pour signifier qu'elle ne voulait pas aller au village. Mais la femme crut que cela voulait dire au contraire qu'elle ne pensait pas avoir la force de marcher jusque-là. Elle se tourna vers sa fille.

– Gyokuyô ! Cours vite au village chercher de l'aide. Il n'y a pas de temps à perdre. Allez, va vite !

– Voui !

– Non, ne vous dérangez pas !

Yôko se redressa et les regarda.

– Je vous remercie pour votre aide. Adieu…

Elle se mit rapidement debout, traversa la route, et se dirigea droit vers la montagne.

– Hé ! Où allez-vous ?

Yôko ne répondit rien, ne le sachant pas elle-même.

– Attendez ! La nuit tombe. Si vous restez dans la montagne, c'est la mort assurée !

Yôko fit quelques pas sur le flanc de la montagne. À chaque mouvement, sa main droite l'élançait.

– Venez au bourg avec nous !

La pente était raide. Elle aurait du mal à monter ainsi, surtout sans l'usage de sa main droite.

– Vous n'avez pas à avoir peur ! Nous ne sommes que des marchandes ambulantes, nous allons à Bakurô ! Venez au moins avec nous jusqu'au village !

Yôko ramassa une branche par terre.

– Mais qu'est-ce que vous faites ? Qu'est-ce qui vous prend ?

Quand Yôko se tourna vers la femme, celle-ci, perplexe, ouvrit de grands yeux. Même la petite fille resta figée sur place, sans comprendre.

– Laissez-moi tranquille, fit Yôko. De toute façon, si je vais avec vous dans ce village, qu'est-ce que j'y gagnerai ?

– Mais qu'est-ce que vous racontez ? Il va faire nuit, vous êtes blessé…

– Je sais ! Ne restez pas comme ça avec une petite fille en rase campagne, rentrez vite au village !

– Mais…

– Ne vous inquiétez pas, j'ai l'habitude… Merci pour la sucette…

La femme semblait sincère. Peut-être était-elle tout simplement gentille.

> *… Ou peut-être pas… Sans doute cache-t-elle une nouvelle traîtrise… un piège que je ne peux pas imaginer et que je n'ai pas envie de deviner…*

Yôko parvint ainsi à une sorte de palier dans la pente où elle put souffler un peu, à quelques mètres à peine du bord de la route. Elle entendit les voix de la petite fille et de sa mère qui l'appelaient encore. Elle se retourna. La petite fille levait les bras en l'air. Dans une main, elle tenait sa gourde, et dans l'autre, une tasse pleine de sirop épais.

– Tenez, prenez ça ! criait la femme. Vous avez besoin de reprendre des forces !

– Mais…

– Allez, prenez ça… Vas-y, Gyokuyô !

La petite fille se hissa sur la pointe des pieds pour atteindre les pieds de Yôko et poser sa gourde et la tasse de sirop par terre. Puis elle repartit pour rejoindre sa mère qui l'attendait, son gros bagage déjà sur le dos.

Yôko vit la fillette prendre elle-même son petit baluchon. Elle ne savait quoi répondre et les regarda continuer leur chemin. Elles tournèrent encore plusieurs fois la tête avant de disparaître complètement.

Yôko ramassa la gourde et la tasse. Ses genoux perdirent toute force. Sans savoir pourquoi, elle s'assit par terre.

J'ai eu raison, j'ai fait le meilleur choix… Qu'est-ce qui me prouve qu'elles sont bonnes et gentilles ? Rien ne me dit qu'une fois arrivées au village, elles ne vont pas changer d'attitude et me livrer aux autorités dès qu'elles sauront que je suis une kaikyaku.

C'est triste, mais c'est comme ça… Toujours rester sur mes gardes… ne faire confiance à personne… n'attendre rien de personne… Si je me laisse aller à l'optimisme, à la première occasion, je serai trahie.

– Mais si ça se trouve, c'était une aide sincère pour une fois !

C'était la voix irritante du singe, dans son dos. Elle répondit sans même se retourner :

– Ou c'était peut-être un piège…

– Une occasion pareille ne reviendra peut-être pas !

– … Si c'était de l'aide, tu veux dire… Mais rien n'est moins sûr…

– Tu crois t'en tirer, cette nuit ? Dans cet état et avec ta main ?

– Je m'en tirerai…

– Tu aurais dû aller au village avec elles…

– Non, j'ai fait le bon choix…

– Tu as laissé passer ta seule chance d'être sauvée…

– Tais-toi !

La pointe de l'épée n'atteignit pas la tête du singe. Le rire sarcastique s'éloigna dans la montagne, parmi les buissons.

Yôko regarda derrière elle. Sur la route plongée dans la pénombre, de petites taches noires apparurent. Pour la première fois depuis son arrivée dans ce monde, il se mit à pleuvoir.

10.

Cette nuit-là fut la plus cruelle de toutes. Yôko avait épuisé ses dernières forces et ses muscles étaient tétanisés par la froideur de la pluie. La nuit n'est pas l'environnement naturel des humains, mais elle est celui des yôma, qui se montrèrent plus violents et plus agressifs que jamais.

Les vêtements mouillés par la pluie lui collaient à la peau et gênaient ses mouvements. Ses membres engourdis ne bougeaient plus comme elle le voulait. Heureusement, sa main droite avait retrouvé sa sensibilité, mais elle ne pouvait pas encore agripper la poignée de l'épée avec suffisamment de force. Être obligée de tenir l'épée était une véritable torture. Sans compter que la pluie rendait la poignée glissante.

La nuit était si profonde qu'elle ne pouvait pas distinguer ses agresseurs avec précision. Heureusement, elle n'eut pas affaire à des yôma trop puissants. En revanche, ils furent nombreux. Elle glissait dans la boue, son sang se mêlait à celui des yôma, et bien que la pluie emportât tout cela, elle emportait également les dernières forces qui lui restaient. L'épée lui semblait plus lourde qu'auparavant. Jôyû commençait-il lui aussi à fatiguer ?

À plusieurs reprises, Yôko regarda le ciel comme pour lui adresser une prière. Pourvu que l'aube se lève vite !... Jusqu'à présent, plongée dans le feu de l'action, les nuits lui avaient paru plutôt courtes. Mais cette nuit-là fut interminable. Plusieurs fois, elle laissa tomber son épée, et de nouvelles blessures lui furent infligées avant qu'elle n'ait pu s'en saisir de nouveau.

Enfin, le jour pointa. Elle aperçut un de ces mystérieux arbres blancs qu'elle avait déjà si souvent rencontrés et se glissa sous les branches retombantes. Elles étaient extrêmement dures et lui griffaient la peau, mais au moins, les yôma ne l'attaqueraient pas sous cet abri. Ils restaient à distance, tournant autour de l'arbre. Puis ils finirent par s'en aller sous la pluie quand les premières lueurs du matin commencèrent à donner une ombre aux arbres.

Je... je suis vivante...

Elle haletait. Des gouttes de pluie tombaient dans sa bouche ouverte.

Je m'en suis tirée...

Elle passa la perle sur toutes les blessures de son corps. Les plaies ouvertes souillées par la boue la faisaient souffrir mais c'était une douleur supportable. Elle se coucha. Sa respiration s'apaisa peu à peu. Elle regarda le ciel à travers les branches. Elle reprenait son souffle, mais maintenant c'était le froid qui devenait pénible. Les branches blanches ne la protégeaient pas de la pluie. Elle se dit qu'elle ferait mieux de chercher un meilleur abri, mais son corps refusait de bouger.

Elle serra désespérément la perle bleue et puisa au maximum la chaleur magique qui lui réchauffait le bout des doigts. Puis, réunissant le peu de force qui lui était revenu, elle se faufila hors de la protection de l'arbre. Elle se dirigea alors vers le bas du coteau. Elle n'eut pas trop de mal à ramper et à glisser sur les herbes mouillées et la terre devenue boueuse.

Toute la nuit, elle avait gardé à l'esprit la nécessité de ne pas trop s'éloigner de la route. Malgré cela, il lui semblait qu'elle se trouvait maintenant au plus profond de la forêt. Cramponnée à la perle, cramponnée à l'épée, elle se mit debout. Elle savait qu'elle était blessée, elle savait qu'elle souffrait de plusieurs blessures, mais elle ne parvenait même plus à localiser avec précision les endroits où elle avait mal. À chaque pas, ses genoux manquaient de se dérober sous elle, et elle devait les tendre comme des bâtons pour ne pas s'affaler par terre comme un pantin.

Au bout de quelques minutes, elle trouva un sentier. Ce n'était pas la route de la veille, car il n'y avait pas de traces de roues, et d'ailleurs, il était trop étroit pour permettre le passage d'une charrette. Elle tomba sur les genoux. Elle essaya bien de se retenir au tronc de l'arbre le plus proche, mais en vain. La tête la première, elle tomba dans la terre gorgée d'eau et resta là sans bouger. Ses doigts serraient encore la perle, mais la faible chaleur n'était pas suffisante : la pluie glacée lui ôtait ses forces bien plus rapidement que la perle ne les restaurait. Le miracle du « trésor » avait aussi ses limites.

Mon destin était donc de mourir sur ce sentier de montagne…

Elle trouvait ça presque comique. Aucune autre des filles de sa classe ne connaîtrait ce destin de mourir comme ça au bord d'un chemin, dans un endroit inconnu.

Elles habitent un autre monde. Elles ont une maison où rentrer, une famille pour les protéger… Elles ont un avenir, et dans cet avenir, elles ne crieront jamais de faim…

… J'ai fait ce que je pouvais. Je suis allée jusqu'au bout. Je n'ai pas renoncé… Mais je ne peux plus bouger maintenant… Même si tout ce que j'aurai gagné par mes efforts, c'est de mourir tranquille sur ce chemin, on peut dire que c'est déjà ça…

Au milieu du bruit de la pluie, elle entendit vibrer un son cristallin. Tournant les yeux, elle vit près de sa joue la lame de l'épée émettre une pâle lueur. Son front dans la boue l'empêchait de regarder l'image correctement, mais elle put néanmoins distinguer quelques silhouettes.

Le bruit de la pluie diminua. Elle entendit une voix d'homme.

– Nakajima était une bonne élève…

C'était son professeur principal, au lycée, mais elle ne pouvait voir où il se trouvait.

– … C'était une élève sérieuse, obéissante, continuait-il. Nous autres, ses professeurs, n'avons jamais eu à nous plaindre d'elle.

– Mais n'avait-elle pas de mauvaises fréquentations ?

Le professeur parlait avec un autre homme à la voix plus grave.

– Je l'ignore.

– Vous l'ignorez ?

Le professeur haussa les épaules.

– Voyez-vous, elle était une élève exemplaire. Le genre de vie qu'elle menait, ses fréquentations, ce qu'elle faisait en dehors de l'école, tout cela ne nous causait aucune inquiétude.

– Mais tout de même, un homme d'aspect louche est venu la chercher, n'est-ce pas ?

– En effet, mais je crois qu'elle ne le connaissait pas. Quoi qu'il en soit, je ne savais rien de sa vie privée. De fait, Nakajima était une fille assez énigmatique par certains côtés.

– Énigmatique ?

– Voyez-vous… comment dire, c'était une bonne élève, sans aucun doute… Elle s'entendait bien avec ses camarades de classe, elle s'entendait bien avec ses parents… Et pourtant, justement, c'est ça qui est étrange…

– Que voulez-vous dire ?

– Eh bien… ce n'est peut-être pas le genre de réflexion que l'on attend d'un responsable de l'éducation de la jeunesse, voyez-vous, mais nous autres, enseignants, nous avons un sacré culot, tout de même… Nous prétendons savoir ce que doit être l'élève idéal. Et pas seulement les enseignants, n'est-ce pas, mais aussi les parents, les amis… Chacun a sa propre image de ce qu'il considère être l'élève idéal, ou l'enfant idéal, ou l'ami idéal, et tente de l'imposer aux autres, à ses élèves, à ses enfants, à ses amis. En fait, il y a autant d'images idéales qu'il y a d'individus. Et, évidemment, quand on plaît aux professeurs ou aux parents, on agace ses amis. C'est ça que je veux dire : on ne peut pas plaire à tout le monde. Or Nakajima s'entendait bien avec tout le monde, et c'est ça qui me semble étrange. Si elle s'entendait avec tout le monde, c'est qu'elle n'était naturelle avec personne, je pense. Nakajima s'entendait bien avec ses camarades, oui, mais elle n'avait pas de meilleure amie. Pour ses camarades, elle était une élève agréable, certes, mais y en a-t-il une seule qui se dira sa véritable amie ?

– Et vous, monsieur le professeur ?

– Eh bien, pour vous parler franchement, je vous dirai que nous, les enseignants, nous préférons aussi, finalement, les élèves qui nous posent des problèmes, qui ne nous laissent pas tranquilles, qu'il faut tout le temps surveiller. Sans doute Nakajima était-elle une élève sans problème. Et justement, c'est pour ça que, dès qu'elle aurait quitté le lycée, je l'aurais oubliée. Et si dans vingt ans, je la revoyais dans une réunion d'anciens élèves, j'aurais sans doute oublié son nom.

– Je comprends...

– Est-ce que Nakajima cherchait seulement à éviter de déplaire à qui que ce soit, ou jouait-elle délibérément le jeu de la bonne élève ? Je l'ignore. Mais dans ce dernier cas, même si son personnage était un masque délibéré qu'elle mettait en toute conscience sur son visage, alors comment voulez-vous que je sache ce qu'il y avait derrière ce masque, et si elle commettait des actes répréhensibles en secret ? Par contre, si elle cherchait simplement à être gentille avec tout le monde pour ne déplaire à personne, alors elle a pu un jour s'apercevoir de l'inanité de cette attitude, et se sentir soudain misérable. Et dans ce cas, je peux comprendre qu'elle se soit trouvée acculée à quelque chose comme une fugue…

Le visage de son professeur s'estompa. Une autre silhouette apparut à sa place. Une fille de sa classe. Une avec qui elle s'entendait relativement bien.

– Tu étais amie avec Mlle Nakajima, n'est-ce pas ?

La fille fronça les sourcils.

– Bof, pas plus que ça, en fait…

– Ah bon ?

– Ben, je parlais un peu avec elle, mais on se voyait seulement au lycée, je ne lui ai jamais téléphoné chez elle ou ce genre de trucs. On était des camarades de classe, rien de plus.

– Je vois.

– C'est pour ça que si vous me posez des questions sur elle, je ne pourrai pas vous répondre, parce qu'on échangeait seulement des propos anodins.

– Tu ne l'aimais pas ?…

– Bof, je ne la détestais pas, mais je ne trouvais pas que c'était une fille sympa. Elle modifiait son attitude en fonction des circonstances. Je ne la détestais pas, mais je ne la trouvais pas intéressante.

– Hum…

– Moi, je la détestais, dit une autre fille, parce que c'était une girouette.

– Une girouette ?

– Par exemple, si on disait du mal d'une fille, elle disait : « Moi aussi. » Et puis si cette fille disait du mal de nous par ailleurs, elle disait aussi : « Moi aussi. » Elle se mettait toujours bien avec tout le monde, et moi je la détestais pour ça. Elle n'était pas du tout mon amie. Remarquez, elle était bien pratique, quand on faisait les langues de vipère, elle était toujours d'accord !

– Hum…

– Moi, je pense qu'elle a fait une fugue. Ça ne m'étonnerait pas qu'elle soit quelque part à se moquer et dire du mal de nous ou des profs avec des racailles d'ailleurs. Ça m'étonnerait pas, ça… Elle était bizarre de toute façon, comme fille…

– Mais il lui est peut-être arrivé quelque chose, non ?

– Alors, c'est qu'elle a plaqué un de ses copains racailles, moi j'ai rien à voir avec ces histoires.

– Moi aussi, je la détestais. Moi je dis : bon débarras !

– Tu avais des problèmes dans ta classe, toi, je crois. Les autres jouaient à t'ignorer, c'est ça ?

– Oui…

– Et Mlle Nakajima aussi ?

– Oui. Elle faisait comme si elle n'entendait pas ce que je lui disais quand elle était avec les autres. Et puis après, elle essayait de se faire passer pour une fille sympa.

– Ah oui ?

– Oui, quand les autres disaient des choses pour me blesser, elle, elle ne participait pas activement, elle faisait semblant d'avoir pitié de moi, mais c'était que de la lâcheté, moi je dis…

– Je vois…

– Elle me jetait un petit regard de pitié comme si elle était ma seule amie, mais elle n'a jamais pris ma défense. Moi, c'est ça que je trouvais répugnant chez elle !

– Je vois…

– Ce qui lui est arrivé ne me concerne pas, si elle a fugué ou si elle a été kidnappée, pour moi, c'était une salope et moi je suis une victime. Je ne veux pas devenir comme elle en faisant semblant de compatir à ce qui lui est arrivé. Je la déteste et je suis bien contente qu'elle ait disparu. Et ça m'est égal si vous me soupçonnez. C'est le fond de mon cœur et je le dis comme je le pense.

– Non, ce n'est pas une fille comme ça…

La scène avait à nouveau changé, et cette fois, c'était sa mère qui répondait aux questions de l'inspecteur.

– … C'est une gentille fille. Elle ne peut pas avoir fait une fugue, ce n'est pas son genre. Et elle ne fréquentait pas des voyous non plus.

– Mais ses camarades de classe disent qu'elle ne supportait pas ses parents.

Sa mère ouvrit des yeux étonnés.

– Non, c'est impossible…

– On dit qu'elle se plaignait de ses parents en classe. Vous étiez durs avec elle ?

– Il m'arrivait de la gronder, évidemment, mais c'est normal, je suis sa mère… Non, je ne crois pas : elle n'a jamais montré qu'elle nous détestait ou qu'elle pensait que nous étions de mauvais parents.

– Alors vous n'avez aucune idée de ses motivations ?

– Aucune. Moi, je crois que ce n'est pas une fugue.

– On dit qu'un jeune homme est venu la demander au lycée. Vous ignoriez l'existence de ce garçon ?

– Elle n'était pas une fille à avoir ce genre de fréquentation…

– Alors, pourquoi a-t-elle disparu, d'après vous ?

– Elle a peut-être été enlevée avant de rentrer…

– Malheureusement, ce ne peut pas être le cas. Car on l'a vue sortir de la salle des professeurs avec cet homme. Et c'est depuis ce moment qu'elle a disparu. Selon les témoins oculaires, l'homme ne l'entraînait pas de force. Quelques professeurs disent qu'elle paraissait même bien le connaître…

Sa mère baissa la tête.

– … Elle aurait effectivement dit à son professeur principal qu'elle ne connaissait pas cet homme, mais je pense qu'elle devait le connaître, en fait. Au moins, ils devaient avoir un ou des amis communs. Bien sûr, nous poursuivons l'enquête…

– Elle se plaignait de ses parents, vous dites ? Souvent ?

– D'après ses camarades de classe, oui…

Elle couvrit son visage de ses mains.

– Mais elle n'a jamais montré qu'elle était mécontente ! Je croyais qu'elle ne pouvait pas être une fille à faire des fugues, à fréquenter des voyous en cachette… Je pensais impossible qu'elle soit mêlée à une affaire quelconque…

– Vous savez, en général, les enfants ne révèlent pas leurs sentiments réels à leurs parents.

– Chaque fois que je parlais avec d'autres parents, je pensais que Yôko était vraiment une gentille fille. Est-ce que je me suis trompée ?

– Vous savez, les enfants ne grandissent pas toujours comme les parents voudraient. Moi même, j'ai un fils, une vraie peste…

– Vous avez sans doute raison… Elle devait faire semblant d'être une fille sage, et elle se moquait de nous. Je me suis bien trompée sur son compte… Dire que je lui faisais confiance… !

Mais non, Maman !

Yôko aurait voulu pleurer, mais les larmes ne coulaient déjà plus. Elle aurait voulu répondre, se défendre, mais elle ne pouvait même plus mouvoir ses lèvres. L'image disparut.

La terre était couverte de flaques, et sa tête baignait dans la boue. Elle ne pouvait plus se lever. Personne n'imaginait où et dans quelle détresse elle se trouvait à présent.

Ça ne leur coûte pas cher de parler à tort et à travers de ce qu'ils ne savent pas… C'est d'un comique !…

J'ai été jetée dans ce monde… Je n'ai connu que la faim, la souffrance et le désespoir. Et maintenant, je ne peux même plus me mettre debout. Et pourtant, j'ai toujours serré les dents dans l'espoir de retourner chez moi. Et finalement, regardez ces gens : la voilà, ma patrie ! L'endroit d'où je viens, et où je voulais retourner : tous des gens vraiment charmants… Il y a de quoi rire…

Je voulais rentrer, oui…

Ici, personne ne m'attend… Ici, je n'ai pas d'ami. Ici, je n'ai rien à moi et je n'ai droit à rien… Tout le monde trompe et trahit. Et dans mon monde pas moins que dans celui-ci…

Quelque part je le savais… Mais je voulais rentrer quand même.

Quel comique ! Elle aurait voulu rire aux éclats. Mais son visage frigorifié par la pluie ne souriait pas. Elle aurait bien voulu pleurer aussi, mais ses larmes étaient déjà épuisées.

Ça suffit comme ça…
Je m'en fous. Tout ça va finir très vite maintenant.

À suivre...

LEXIQUE DES DOUZE ROYAUMES

Les noms de personnages, de lieux, de titres ou de fonctions, d'animaux propres à l'univers de la série ont été transcrits dans le système appelé *hepburn*, le plus communément utilisé en France pour étudier le japonais. Il a l'avantage d'être facile à prononcer par un francophone. On peut tout de même signaler quelques petites spécificités :

– *e* se prononce toujours *é* ;

– *u* se prononce entre *u* et *ou* ;

– *g + voyelle* se prononce toujours comme *gu + voyelle*. Par exemple : *gi* se prononce *gui*, *ge* se prononce *gué* ;

– les accents circonflexes sur certaines voyelles correspondent à des voyelles allongées ;

– deux voyelles qui se suivent se prononcent toutes indépendamment : *ai* se prononce *aï*, *au* se prononce *aou*, etc. ;

– *sh* se prononce *ch*, et *ch* se prononce *tch*.

BAFUKU : tigre géant, à visage d'homme.
HANJÛ : semi-animal.

HINMAN : esprit qui s'est introduit dans le corps de Yôko et qui lui vient en aide, notamment pendant les combats.

JIN'YÔ : yôma à apparence humaine.

KAIKYAKU : personne qui a été rejetée par la mer du Néant, la mer de Kyokai, dans le monde des douze royaumes, à la suite d'un shoku. On accuse les kaikyaku d'être responsables de fléaux et on les persécute dans plusieurs royaumes (dont le royaume de Kô).

KAN : la Chine, dans la langue des douze royaumes.

KEN-SEI : préfet.

KINGEN : coq géant qui attaque l'homme.

KIRIN : animal sacré, qui peut prendre forme humaine. Il désigne le roi et n'obéit qu'à lui. Il incarne la justice, la bonté et la compassion. Keiki est un kirin.

KOCHÔ : littéralement « vermine maudite ». Oiseau pourvu d'une corne qui dévore les humains.

LI : unité de mesure qui correspond à 500 mètres environ.

POUSSIN : kirin qui n'est pas encore adulte.

RANKA : fruit-œuf s'apparentant à un fœtus.

RI : plus petite division administrative formée de 25 foyers ou « ro ».

RIBOKU : littéralement « l'arbre du ri ». Dans le monde des douze royaumes, les enfants naissent dans des fruits-œufs, ou ranka, que porte cet arbre.

RO : village de campagne.

SAIHO : grand conseiller, interlocuteur privilégié du roi.

SANKYAKU : littéralement « visiteur de la montagne ». Personne qui s'est égarée dans le monde des douze royaumes, en arrivant au pied des monts Kongô.

SEITEI : adulte.

SEN : monnaie du royaume de Kô, constituée de pièces rondes et carrées. Les pièces carrées ont plus de valeur que les rondes.

SHIREI : chimère qui a passé un serment d'allégeance avec le kirin et qui lui obéit aveuglément.

SHITSUDÔ : maladie qui frappe le kirin quand son roi s'égare du droit chemin.

SHOKU : déstabilisation des énergies cosmiques qui provoque une superposition des mondes et, par là même, des désastres (tremblements de terre, inondations...).

SHÔWA : terme qui désigne l'empereur Hirohito qui régna au Japon de 1926 à 1989.

TAIHO : titre honorifique donné au saiho, le grand conseiller d'un roi, qui n'a pas d'origine humaine.

TAIKA : fruit-œuf (ou ranka) qui s'est fixé par erreur dans le ventre d'une femme, dans le monde de Wa ou de Kan (Japon ou Chine contemporaine). L'enfant qui naît est lui aussi appelé un taika.

URASHIMA TARÔ : personnage de conte de fées japonais. Il sauva une tortue et fut récompensé par un séjour dans le palais sous-marin de la reine Ryujin. Mais, gagné par le mal du pays, il fut autorisé à rentrer chez lui… sans se douter que plus de trois cents ans s'étaient écoulés.

WA : le Japon, dans la langue des douze royaumes.

YABOKU : arbre de naissance des bêtes sauvages.

YÔ : animal féerique.

YÔMA (ou démon-yôma) : créature qui apparaît quand le pays est dans le chaos. Ils peuvent parfois prendre forme humaine : on les appelle alors les jin'yô.

Retrouvez le dessin animé
des 12 Royaumes
en DVD VIDEO
KAZE
www.kaze.fr
Série TV de 39 épisodes
+ 6 OAV
4 coffrets collector - VF/VOSTF
Disponibles chez Kaze
Et également la
bande-son de l'animé
Disponible chez
WASABI records

Imprimé et relié en avril 2007 sur les presses
de l'imprimerie Oberthur Graphique - France
Dépôt légal : 2e trimestre 2007